Rudolf Lenz

Die indianischen Elemente im chilenischen Spanisch

Verlag
der
Wissenschaften

Rudolf Lenz

Die indianischen Elemente im chilenischen Spanisch

ISBN/EAN: 9783957005823

Auflage: 1

Erscheinungsjahr: 2015

Erscheinungsort: Norderstedt, Deutschland

Hergestellt in Europa, USA, Kanada, Australien, Japan
Verlag der Wissenschaften in Hansebooks GmbH, Norderstedt

DIE
INDIANISCHEN ELEMENTE
IM CHILENISCHEN SPANISCH

INHALTLICH GEORDNET

VON

RUDOLF LENZ

SONDERABZUG AUS: BEITRÄGE ZUR ROMANISCHEN UND ENGLISCHEN PHILOLOGIE. FESTSCHRIFT FÜR WENDELIN FOERSTER

HALLE a. S.
MAX NIEMEYER
1902

DIE

INDIANISCHEN ELEMENTE

IM CHILENISCHEN SPANISCH

INHALTLICH GEORDNET

VON

RUDOLF LENZ

HALLE a. S.

MAX NIEMEYER

1902

Die indianischen Elemente im chilenischen Spanisch, inhaltlich geordnet.

Quellen.

1. RODRIGUEZ, ZOROBABEL: *Diccionario de Chilenismos.* Santiago 1875. XII u. 487 Seiten.
2. ORTUZAR, CAMILO: *Diccionario Manual de Locuciones Viciosas y de Correcciones de Lenguaje* ... S. Benigno Canavese. Imprenta Salesiana 1893. XXVIII u. 322 Seiten zu zwei Spalten.
3. ECHEVERRÍA I REYES, ANÍBAL: *Voces usadas en Chile.* Santiago 1900. XXII u. 246 Seiten. (Bibliografía S. 1—22. Observaciones jenerales S. 23—116. Voces, zweispaltig S. 119—244.)
4. FERNÁNDEZ O., ABRAHAM: *Nuevos Chilenismos o Catalogos de las Voces no registradas en los Diccionarios de Rodríguez y Ortuzar.* Valparaiso 1900. 83 Seiten.
5. SAAVEDRA, JOSÉ RAMON: *Gramática Elemental de la Lengua Española.* Santiago de Chile 1859. X u. 198 Seiten. S. 173—195 Apéndice. *Diccionario de algunas voces araucanas usadas entre nosotras* (grösstenteils geographische und naturgeschichtliche Namen).
6. GUEVARA, TOMAS: *Historia de la Civilizacion de Araucania.* Santiago 1898/1899. Tomo I, S. 163—168. Liste spanischer Wörter, die aus dem Mapuche abgeleitet sind.
7. N. N. N. (DARIO CAVADA): *Chiloé* (Rasguños acerca de su estado de ilustracion, comercio, agricultura é industria, con algunos ligeros apuntes sobre ciertos usos y costumbres característicos del bajo pueblo). Ancud 1896. 83 Seiten.

Vorbemerkung.

§ 1. Das etymologische Studium der indianischen Elemente des spanisch-amerikanischen Wörterbuches hat seine besondern

Schwierigkeiten. Was von diesen Wörtern in die allgemeinen spanischen Wörterbücher eingedrungen ist, giebt keinen auch nur annähernden Begriff von der Reichhaltigkeit der Volkssprache an solchen Elementen. Es handelt sich also zunächst um die Sammlung der Worte, für die selbst hier an Ort und Stelle neben den „novelas de costumbres" mehr oder weniger lesbarer Schriftsteller die schwer zugängliche gedruckte Volkspoesie [1]) und vor allem die mündliche Überlieferung als Quelle zu gelten haben. Für Chile liegen allerdings auch schon reichhaltige Provinzialismen-Wörterbücher vor, deren Liste ich unter den *Quellen* zusammengestellt habe. Von den etwa 750 Wörtern indianischen Ursprungs, die ich im folgenden behandele, sind etwa 270 noch nirgends in Wörterbüchern oder Wortlisten verzeichnet.[2])

Hat man nun die Wörter gesammelt, die indianischen Ursprungs zu sein scheinen, so bleibt die Aufgabe, die Etymologieen zu suchen. Von den vorhandenen Werken giebt sich nur die Sammlung von Z. Rodriguez Mühe, die Etymologie zu finden. Seine Angaben sind aber oft zweifelhafter Natur, weil der Verfasser nach spanischer Art nie seine Quellen genau citiert, und meistens gar nicht. Das ist aber bei indianischen Etymologieen unerlässlich, zumal wenn man, wie gewöhnlich, voraussetzen muss, dass der Autor die betreffenden Sprachen nicht persönlich praktisch kennt. Es müssen also wenigstens die Quellenwerke der alten Missionäre citiert werden, in denen die indianischen Worte beglaubigt sind. Es unterliegt aber natürlich keinem Zweifel, dass viele Worte indianischer Herkunft in den alten Wörterbüchern fehlen, und dann bleibt nur noch die Mutmassung, die auf der persönlichen Überzeugung eines Sachkenners beruht, von gewissem Werte für die Deutung der Herkunft.

Es ist mir gelungen, für die hier behandelten ca. 750 Wörter des chilenischen Sprachschatzes folgende Herkunft festzustellen:

---

[1]) Vgl. meinen Aufsatz in den *Abhandlungen* der Tobler-Festschrift, Halle 1895, S. 141 ff. Meine Sammlung von Flugblättern etc. ist fortgeführt worden.

[2]) Die ins Spanische übergegangenen Pflanzen- und Tiernamen habe ich ausgeschlossen, soweit sie nicht im übertragenen Sinne in das Alltagsvokabular übergegangen sind oder sich auf gewisse Kulturpflanzen beziehen. Die wissenschaftliche Bearbeitung der Pflanzen- und Tiernamen kann nur unter Mithilfe des Botanikers und Zoologen erfolgen.

Sichere Etymologie aus dem Mapuche
    (oder Araukanischen) etwa . . 260 Wurzelworte (M)
Wahrscheinliche Etymologie aus dem
    Mapuche (od. Araukanischen) etwa 74   „   (M?)[1]
Sichere Etymologie aus dem Keshua
    (oder Quichua, Peruanisch) etwa 121   „   (K)
Wahrscheinliche Etymologie aus dem
    Keshua (oder Quichua, Peruanisch)
    etwa 15   „   (K?)
Aus anderen Indianersprachen stammen
    etwa 30   „
                       500 Wurzelworte.

Was übrig bleibt, etwa ein Drittel des Ganzen, sind Ableitungen aus denselben Wörtern nach den Gesetzen der spanischen Wortbildung und eine geringe Anzahl von Wörtern, für die ich amerikanischen Ursprung nur vermute.

Da die Auseinandersetzung aller dieser Etymologieen den in dieser Festschrift gestatteten Raum bei weitem überschreiten würde, so muss ich den Leser auf eine besondere Arbeit über diesen Gegenstand verweisen, die hoffentlich ungefähr gleichzeitig mit der vorliegenden in spanischer Sprache erscheinen wird. Im folgenden will ich nur einige besonders interessante Worte etymologisch erklären und begnüge mich im übrigen damit, das Material inhaltlich zu sichten, um so die Frage zu beantworten: „Was haben die Spanier von den Indianern gelernt?"[2]

[1] (M —?) soll heissen, das Wort ist sicher mapuche, aber ich kann es nicht belegen.

[2] Ich schreibe im folgenden die chilenischen Wörter mit der gewöhnlichen spanischen Orthographie (in der in Chile üblichen Form nach ANDRES BELLO). Für die mittelchilenische Volkssprache sind die aus meinen „Chilenischen Studien" (VIETORS Phonetische Studien, Bd. V u. VI) und GRÖBERS Zeitschrift XVII bekannten Lautwandlungen einzutragen, z. B. *urpo*, *tarca* für *ulpo*, *talca*, *ll = y* etc.; für ganz Chile gilt silbenauslautendes *s* und intervokalisches *d* als mehr oder weniger stumm; dagegen nördlich von Serena und südlich vom Rio Maule *l* vor Konsonant erhalten, *ll* von *y* verschieden; jedoch auf Chiloé beides beinahe gleich *dž* im Anlaut, *ž* im Inlaut.

Das Studium der Lautwandlungen vom Indianischen zum Spanischen muss ich mir für spätere Gelegenheit aufbewahren.

Auch auf Vollständigkeit macht die folgende vorläufige Skizze keinen Anspruch, am wenigsten mit Bezug auf die ins Panhispanische eingedrungenen, nicht speziell chilenischen Wörter. Ich hoffe bald etwas Erschöpfendes liefern zu können.

Einleitung.

§ 2. Zur Zeit der Eroberung fanden die Spanier in ganz Chile von Coquimbo im Norden bis Chiloé im Süden als Hauptstamm der Bewohner ein kriegerisches Indianervolk vor, das man einfach in seiner Gesamtheit als *Indios de Chile* bezeichnete. Der Name Araukaner, der durch Ercillas Epos früh zu europäischer Berühmtheit gelangte, bezog sich ursprünglich nur auf die Bewohner der Gegend von Arauco, ist aber besonders seit der Zeit der Befreiungskriege auf die gesamte indianische Bevölkerung angewandt worden. Das Volk selbst nannte und nennt sich im allgemeinen *Mapu-che* (die Leute des Landes). Nördlich von Coquimbo bis an und in die Wüste Atacama sassen teilweise andere Stämme, über die wir wenig wissen und die wir, ebenso wie die Küstenbevölkerung der *Changos,* die sich von Tarapacá bis in die Nähe von Arauco erstreckt haben soll, beiseite lassen. Ihre Sprachen sind so gut wie unbekannt. Dagegen ist es wichtig zu wissen, dass die nördliche Hälfte des Landes bis zum *Maule* (etwa 35° s. Br.) wenige Jahrzehnte vor der spanischen Eroberung von dem damals gerade in Perú herrschenden Stamme der *Inkas,* deren bevorzugte Landessprache das Quichua oder Keshua war, unterworfen worden war. Der Einfluss der Inkas auf die Mapuches war um so stärker, je weiter wir nach Norden gehen, um so geringer, je mehr nach Süden. Die rebellischen oder nicht unterworfenen Stämme Chiles nannten die Inkas mit dem Namen *Auka,* d. h. Rebellen, Feinde, der also nicht als Volksname zu verstehen ist.[1] Der Kultureinfluss der Keshuas hat, wie das zu erwarten, im Wörterbuch der Mapuches seine deutlichen Spuren hinterlassen, so dass von den 121 ins chilenische Spanisch gedrungenen Keshuaworten 22 auch im Mapuche nachweisbar sind. In der heutigen Sprache der chilenischen Indianer haben sich noch eine ganze Anzahl weiterer peruanischer Lehnworte erhalten, und manche sind nicht nur bis nach Chiloé, sondern durch Vermittelung der Mapuches bis zu den Tehuelchen des südlichen Patagoniens vorgedrungen, in Gegenden, die nie ein Unterthan des Inka betreten hat.

---

[1] Vgl. meine Kritik der Langue Auca des Herrn Dr. jur. Raoul de la Grasserie. Eine Warnung für Amerikanisten. Sep.-Abdr. aus „Verhandlungen des Deutschen Wissenschaftlichen Vereins zu Santiago de Chile. Bd. IV." Valparaiso 1898.

Die übrigen Keshua-Worte des chilenischen Spanisch stammen entweder von den im Norden des Landes ansässigen Perúindianern, oder sie sind durch Spanier, die sie in Perú lernten, nach Chile gebracht. Man vergesse nicht, dass bis gegen Ende des 18. Jhs. kein Spanier nach Chile kam, der nicht vorher längere oder kürzere Zeit in Mittelamerika und in Perú verweilt hätte. Im allgemeinen ist festzuhalten, dass Perú für den ganzen Süden des Kontinents die Zentralstelle ist, ebenso wie die Antillen und Mexiko das Zentrum für alle spanischen Gebiete nördlich vom Äquator sind. Das zeigt sich im spanisch-amerikanischen Wörterbuche ganz deutlich, z. B. an den Ausdrücken, die sich auf die Kultur und Benutzung des Mais beziehen. Colombia und Venezuela gehören sprachlich zur Nordgruppe, Ecuador zur Südgruppe. Jedoch sind vereinzelt auch peruanische Worte bis in die Sprache von Colombia und sogar Mexiko vorgedrungen und mexikanische bis nach Chile; aber meist gehören diese Worte dann überhaupt zum panhispanischen Sprachschatz, wie die alten Antillenworte *tabaco, maiz,* die mexikanischen *chocolate, camote, petaca, malacate* etc.

§ 3. In Bezug auf die soziale Sphäre unterscheide ich im folgenden solche Wörter, die der Konversationssprache aller Klassen angehören, von denen, die nur im niedrigen Volke bekannt sind (erstere ohne besondere Bezeichnung, letztere durch *vulg.* kenntlich gemacht); geographisch ist ohne Bezeichnung geblieben, was zwischen dem 30⁰ und 37⁰ s. Br. gebräuchlich ist; Worte, die nur nördlich des 30⁰ gebraucht zu sein scheinen, sind mit *Nord,* solche, die nur südlich des 37⁰ bekannt sind, mit *Süd* bezeichnet; zu letzteren gehören eine Anzahl Worte, die sich auf die heutigen Indianer beziehen. Eine besondere Bezeichnung (*Chiloé*) verdienen die chilotischen Worte, welche ausserhalb der in sich abgeschlossenen Inselbevölkerung kaum bekannt sind; für diese Gegend sind zufällig meine Quellen besonders reichlich.

Die meisten als regionär bezeichneten Wörter gehören nur dem niederen Volke an, ich habe die bezeichnung *vulg.* deshalb weggelassen, wenn *Nord, Süd, Chiloé* etc. angegeben.

Im übrigen ist es klar, dass in Bezug auf die lokale und soziale Begrenzung der Worte meine Gewährleistung nur gering sein kann; jeder Sachverständige wird das einsehen.

I. Natur des Landes.

§ 4. Die Zahl der Pflanzen- und Tiernamen indianischen Ursprungs dürfte sich auf viele Hunderte belaufen; im allgemeinen können dieselben kein grösseres linguistisches oder psychologisches Interesse beanspruchen. Die Spanier sahen sich einer neuen Welt gegenüber gezwungen, entweder ihre heimischen Wörter auf mehr oder weniger ähnliche Pflanzen und Tiere anzuwenden, wobei dem Volke manches ähnlich erschien, das die Naturwissenschaft deutlich scheidet, oder den Indianernamen anzunehmen.

So wird der Name von *Canis vulpes*, *el zorro*, oder gewöhnlicher *la zorra* auf den sehr ähnlichen *Canis Azarae* übertragen; *Cervus Capreolus*, *el venado*, auf *Cervus humilis*, der schon stärker verschieden ist. *El leon* bezeichnet in Chile *Felis concolor*, den kleinen Silberlöwen, der, ohne Mähne, wenig von der Majestät seines Namensvetters aus der alten Welt hat; der Keshuaname *puma* für dasselbe Tier ist im Volke hier wenig gebräuchlich. *La trucha* (eigentlich *Salmo Fario*), für *Perca trucha* in Chile gebraucht, stösst auf energischen Widerstand der Zoologen, ebenso *el roble* als Bezeichnung einer Buchenart (*Fagus obliqua*).

Manchmal sind Indianerworte neben den spanischen im Gebrauch; so nennt man den jungen *roble* in manchen Gegenden *coyám* (M) und das Kernholz desselben Baumes, wenn er älter ist, *pellín* (M).

Zuweilen wurde auch ein farbloses Wort zum Namen, so *frutilla* die chilenische Erdbeere *Fragaria Chilensis* statt *fresa*.

Der *avellano* in Chile, ein prächtiger Waldriese (*Guevina avellana*), gehört zur Familie der *Proteaceae*, doch hat seine Frucht mit der Haselnuss eine gewisse Ähnlichkeit.

Für den Fachmann wird es eine dankbare Aufgabe sein, zu untersuchen, welche Gesichtspunkte im einzelnen bei der Anwendung europäischer Tier- und Pflanzennamen auf die amerikanische Natur massgebend waren. Man wird danach den Grad der Naturbeobachtungsfähigkeit und Naturauffassung seitens der Conquistadores bemessen können.

Selten ist ein Indianerwort auf importierte europäische Natur angewendet worden, so *el yuyo* (K) statt und neben *nabo* für *Brassica napus*; *yuyo* heisst auch allgemein Unkraut = *maleza*; im Keshua *yuyu* allgemein „Kraut, Pflanze, Gewächs.“

Dieses nur zur Orientierung. Ich zähle im folgenden nur solche Tier- und Pflanzennamen auf, die im übertragenen Sinne oder in Redensarten gebraucht werden.

§ 5. Aus andern Gegenden stammen: *el macaco* (brasilianisch?) der Affe; ein hässlicher, missgestalteter Mensch; *la macacada* ein schlechter Streich; *pegado como nigua* (aus Mittelam. *Pulex penetrans*) von jemandem, den man nicht los werden kann.

Echt chilenisch sind *el huanaco* (K) *Auchenia guanacus*, ein dummer Mensch, Schafskopf.

la laucha (M) *Mus musculus*, die Maus [da das Spanische zwischen Ratte und Maus nicht klar scheidet, so ist *laucha* eine glückliche Bereicherung des Wb.; *raton* heisst in Chile nur Ratte], *estar como laucha* hohlwangig sein; *alauchado, a* dasselbe, besonders von geschwätzigen, alten Weibern; *ñirri* (M. Fuchs) wird in Südchile im Sinne von schlau, verschlagen gebraucht; *ser como un quique* (M. eine Wieselart *Galictis vittata*) sehr lebhaft, sehr zornig sein; *pan quique* eine Art Kleiebrot; *estar como un quirquincho* (K. ein Gürteltier, *Dasypus novemcinctus*) wie eine Furie wütend sein; *ser como cuncuna* (M. Raupe, *oruga* ist im Volke unbekannt) wütend sein.

§ 6. Zwei Seemuscheln *el choro* (M —? *Mytilus chorus*) und *la chaca* (M. *Venus Dombeyi*) werden ebenso wie span. *concha*, und andere Muschelarten auch bei den Araukanern, für die weiblichen Geschlechtsteile gebraucht. *La cachaña* ein kleiner grüner Papagei, der in Schwärmen mit ungeheurem Geschrei über die Maisfelder herfällt, wird im Sinne von *rebatiña*, wild über etwas herfallen, gebraucht; dann auch = Geschwätz, faule Witze, Hohn.

La diuca (M) ein kleiner niedlicher Singvogel (*Fringilla diuca*), bezeichnet den verzogenen Lieblingsschüler, der besonders in den Pfaffenschulen eine stehende Figur ist; ferner auch den Penis; *el jote* (das Wort stammt wohl aus Mittelamerika) ein schwarzer Aasgeier, *Vultur Aura*, wird spöttisch auf die *frailes*, die katholische Geistlichkeit, angewendet. *El pololo* (M) eine Brummfliege, *Aulacopalpus viridis* und andere, bezeichnet selbst in den feinsten Kreisen des Landes den Hofmacher, Liebsten, Galan, der von einer Mädchenblume zur andern flattert; *el pololeo* ist also genau das englische flirting, *pololear* to flirt, *flirtear*, wie man anderswo auf Spanisch sagt. Unter Tagelöhnern ist *un pololo* eine unbedeutende Arbeit, an der nichts zu verdienen ist.

§ 7. *el maicillo*[1]) von *maiz* (haitianisch) ist grober Sand, wegen der Grösse des Kornes — *estar como luche* (M) runzelig zusammengeschrumpft sein wie *luche* eine essbare Alge (*Ulva lactuca*), die getrocknet im Handel ist; *estar como yuyo* (siehe oben) schlaff sein; *ser como cochayuyo* (K. *Durvillea utilis*, essbare Seealge) schwärzlich sein; *ser mas conocido que el palqui* (M. *Cestrum parqui*, eine sehr häufige und vielfach als Hausmittel gebrauchte Pflanze) bekannt sein wie ein bunter Hund. *La quisca* eine Kaktusart (K. *Cereus*), gilt allgemein als etwas Stacheliges, *cabeza de quiscas* ein Borstenkopf = *quiscudo*; auch *cabeza de quintral* Buschkopf, Struwelpeter von dem parasitischen *quintral* (M) *Loranthus* (vgl. § 11); *el alpe* (M) eine harte Art Zapallokürbis; *un carácter alpe* harter Charakter, Dickkopf; *zapallon, a* von *zapallo* (K. *Cucurbita pepo* u. ä.) ein Dickwanst.

Cocer peumos en la boca schweigsam sein, *no cocer un peumo en la boca* den Mund nicht halten können, von *peumo* (M. *Cryptocarya Peumus*) ein Baum, dessen rote, bohnenartige Frucht leicht weich wird beim Kochen und auch schon, wenn man sie lange im Munde hält. *Estar aporotado* Flecken im Gesicht haben, von *poroto* (K) die einheimische Bohne.

Aus Mexiko stammt *el camote* die Batate, sogenannte süsse Kartoffel, übertragen 1. Liebelei, 2. Lüge, Ente; *encamotarse* sich verlieben.

§ 8. Auf Eigentümlichkeiten des Landes, der Witterung, der Pflanzen und ihres Wachstums beziehen sich die folgenden Ausdrücke:

la camanchaca (K —?) der dichte Nachtnebel in den regenlosen Nordprovinzen; *el allañe* (Chiloé; M) eine schöne

---

[1]) Ableitungen auf *-illo* sind in der chilenischen Volkssprache niemals einfache Deminutiva — solche werden nur auf *-ito* frei gebildet, z. B. *casilla* nicht Häuschen, sondern Postbriefkästchen; *calzoncillos* nicht kleine Hosen, sondern Herrenunterhosen, *calzones* Damenunterhosen; *frutilla* nicht Früchtchen, sondern Erdbeere etc.

Mondnacht, die für den Fischer günstig ist; *la talca* oder *tralca* (vulg. M) Donner, Gewitter; *estar al pañi* (M) = span. *a la resolana* sich sonnen, d. h. im „Schatten" ausruhen; denn die Sonne fürchtet der Chilene.

Huilcar (M) Faden ziehen von klebrigen Sachen; *pulchén* (M) die feine Asche, die am verglühenden Holzklotz abblättert.

Eine Art geographischer Begriff ist *la chimba* (K) die gegenüberliegende Seite eines Flussufers oder einer Schlucht, besonders von Stadtteilen; in Santiago der Stadtteil auf der andern Seite des Mapocho, offiziell Ultramapocho; *chimbero, a* Bewohner der Chimba. Dasselbe kann man von *la pampa* (K) sagen; doch ist es nicht nur die grosse mehr oder weniger ebene, mit Gras, Schilf und Strauchwerk bewachsene Landstrecke von Argentinien, nicht nur die vegetationslose, aber an Mineralschätzen reiche Pampa de Tamarugal in Tarapacá, sondern auch der Exerzierplatz von Santiago und jede grössere nicht bebaute Landfläche. *Pampero, a* ist alles zur *pampa* gehörige; besonders aber der Sturmwind, der über sie dahinfegt; *empamparse*, sich in der Pampa verlieren, ist ein lebensgefährliches Vergnügen.

§ 9. *El culvén* (M. Süd) ist die feuchte Niederung, die nach Niederbrennen (*quema*) des Waldes mit Getreide ohne zu pflügen besäet wird (*rozar*); *el huapi* (M) ist im Süden eine Insel im Fluss, oder eine Lichtung im Walde, auch feuchtes Gelände am Flussufer; in Mittelchile *huape = vega*, feuchte Wiese, Weide. *El ñadi* (M —? Süd) feuchte Niederung mit Sumpf. *Menúco*, m. (M. Süd) ist noch feuchteres Gebiet, Sumpf, Morast; *putraguén*, m. (M) der tiefe Sumpf, dessen trügerische Oberfläche mit grüner Algenschicht überzogen ist. Dagegen scheint *rulo*, m. (M) in der Bedeutung zu schwanken; im Süden ist es, wie im Mapuche, gleich „feuchte Niederung", im Zentrum ein Landstrich, der keine natürliche fliessende Bewässerung hat, also nur dürftige Vegetation (*plantas rulengas*) hervorbringt, und zum Ackerbau künstlicher *acequias* bedarf. *El puquío* (K) ist eine natürliche Quelle, besonders in sonst wasserarmer Gegend; ist sie spärlicher, vielleicht nur Sickerwasser, das oft eines Schöpfbrunnens bedarf, so heisst sie *jahuel*, in Mittelamerika auch *jagüei, jabuei,* in Perú *jaguai.* Das Wort scheint aus Mittelamerika zu stammen.

§ 10. Auf den chilenischen Wald bezieht sich *el ñirre* (M) niedriges Buchenzwergholz, auch Gestrüpp einer *Escallonia*; *el boqui* (M) ein vager Begriff für Schlingpflanzen, besonders solche, deren zähe Stämme als Stricke dienen können; *cuicúi*, m. (M) ist ein als Brücke über einen Bach oder eine Schlucht dienender umgefallener Baum, der auch für das Vordringen im Urwald dienlich sein kann. *La callampa* (K) ist auch ein ziemlich allgemeiner Begriff geworden für Schwämme und Pilze (*Hymeno-myccetes*); es wird auch auf importierte Champignons angewandt.

Zu vielen Ableitungen hat *la champa* (K) geführt, ein Stück Rasen oder andere Kräuter mit langen, faserigen Wurzeln, in denen viel Erde haftet; als Minenausdruck „Bart"; sodann langes Haar im Nacken. Was solche Eigenschaften hat, ist *champudo*, sei es ein Mensch (der Präsident Balmaceda hatte im Volke diesen Beinamen) oder eine Pflanze, vor allem die an den *acequias* wachsende *chépica* (M). „*La champa era de chépica*" heisst etwa „das war eine langwierige Geschichte, wo man nicht loskommen konnte". *Achamparse con algo* heisst „etwas mitgehen heissen", *achamparse en una casa* nicht wieder fort-gehen, kleben bleiben; was bei der chilenischen Gastfreundschaft zuweilen als unangenehmer Schluss erscheint. *Champear* heisst *champas* ausreissen, etwa um eine *acequia* damit zu verstopfen, so dass das Wasser in Seitenkanäle fliesst.

§ 11. Auf das Pflanzenleben und Pflanzenteile beziehen sich die folgenden Ausdrücke:

ulte, m. (M —?) der untere Teil des *cochayuyo* (siehe oben § 7); *nalca*, f., der essbare Blattstiel des *pangue* (M. *Gunnera scabra*), dessen Blätter oft über zwei Meter Durchmesser erreichen. *Choclo*, m. (K) ist der noch nicht ganz reife Maiskolben, *chala*, f. (K) das getrocknete Deckblatt desselben, ein gesuchter Artikel zur Zigarettenfabrikation; doch wird *el cigarro de chala* (die Zigarette mit Maisblatt, so Perú und Argentinien) in Chile einfach *cigarro de hoja* (nämlich *de maiz*) genannt, was in Argentinien mit der Ergänzung *de tabaco* die „Zigarre" bezeichnet — in Chile *cigarro puro* oder einfach *un puro*, während *un cigarro* ohne weiteres dasselbe ist wie *cigarrillo*, eine Papierzigarette.

Der entkernte Maiskolben heisst *coronta*, f. (K); *coyocho*, m. (M) ist der Stamm oder die rübenartige Wurzel einiger Gemüsearten. Die junge Frucht von Erbsen (Schote) oder Bohnen [in Chile *poroto*, m. (K) genannt, welcher Name als *porotos verdes* auch auf die aus Europa importierten *frejoles* angewandt wird] heisst *capi*, m. (M); Schoten ansetzen *capiar*. Von *porotos granados*, den noch zarten Bohnen, und *porotos secos*, den enthülsten, trockenen, giebt es eine grosse Anzahl Unterarten, meist mit europäischen Namen, doch auch *poicado* oder *poi* (M).

Welke Blumen werden im Süden *toncado, a* (M?) genannt.

Statt *orin* Rost, gebraucht das Volk in Chile nur das Wort *moho*, gesprochen *moqo* mit stimmhaftem postpalat. Reibelaut; für Schimmel dagegen *pércan* oder *percán* (M); davon *apercancarse* verschimmeln und *el apercanque* das Schimmlichwerden, der Schimmel, das in manchen Gegenden das Simplex fast aus dem Gebrauch verdrängt.

Huelan, adj. (M) wird von halbtrockenem Holze gebraucht, auch unreif, in Chiloé von Vögeln, die noch nicht flügge sind; *entre verde i huelan* ist eine Redensart, die übertragen gebraucht wird, weder frisch noch trocken, so so la la.

§ 12. Von den beiden Pflanzen *quila*, f. (M. *Chusquea quila*) und *poe*, m. eine stachelige Bromeliacea, wird auch ein nach Mapucheart auf *-ntu* gebildetes Collectivum gebraucht *quilantu*, *poentu*, aber auch die spanische Endung wird angehängt *quilantar*, oder *quilantal* und *poental*, dagegen wird nie *quilar* oder *poal* gesagt.[1]) Verbalableitungen sind von manchen Pflanzen gebräuchlich, so von *quintral*, m. (M. *Loranthus*, ein Parasit), *aquintralarse* von Bäumen, die mit *quintral* überzogen sind. Zum Schluss erwähne ich noch die als Hausmittel gebrauchte Genziana *cachanlahua* f., weil ihr das seltene Glück widerfahren ist, in das Wb. der Spanischen Akademie aufgenommen zu werden, aber in der seltenen Form *canchalagua* und der mir unbekannten *canchelagua*. Die Etymologie „del chileno *cachala -guen* hierba contra el dolor de costado", lässt auch zu wünschen. Es muss heissen vom map. FEBRÉS, S. 433 „*cachan —* dolor de costado: *cachan lahuen —* la Centaurea, hierba conocida, amarga y fresca"; *lahuen* heisst das Heilkraut.

---

¹) Die Collectiva von Pflanzennamen werden noch streng nach dem alten lateinischen Gesetz auf *-alis, -al* gebildet, ausser wenn das Wort ein *l, ll* enthält: also *papal, porotal,* aber *culenar, zapallar, frutillar* etc.

II. Feldbau.

§ 13. Sowohl die Inkas wie die Mapuches kannten den Ackerbau; bei den letzteren wohl mehr Hackbau. Perú und besonders Chile sind die Heimat der Kartoffel, deren ursprünglicher span. Name *la papa* (K) auch in Chile eingeführt wurde, so dass das Mapuchewort *poñi* sich nicht einbürgerte, obwohl es in einigen besonderen Abarten sich im Süden erhalten hat. Der heute in anderen Gegenden und auch besonders in Spanien gebrauchte Name *patata* beruht auf Verwechselung mit *batata* in Chile *camote* (*Ipomoea Batatas* eine Convolvulacea).[1] Die Mapuches kultivierten ausserdem besonders den Mais und die Quinoa, aber auch noch eine ganze Reihe anderer Gewächse, von denen der *Mango* (map. *mayu*) ausgestorben zu sein scheint. Doch ich will darauf hier nicht eingehen. Die Inkas haben in Nordchile regelrechte Bewässerung und andere Fortschritte eingeführt. Davon zeugen noch heute im Norden *cocha*, f. (K) im Sinne von Zisterne, Wasserbecken, Teich; *la cochada* ist in der Oase Pica in Tarapacá die Quantität Wasser aus dem Sammelbecken und See, die jedem Grundbesitzer als *mita*, f. (K. Anteil) zum Bewässern entspricht. Der Arbeiter, der die Bewässerung besorgt, heisst in Atacama und Coquimbo *camayo*, m. (K). *La chacra* (K) ist im Norden jedes angebaute Stückchen Feld, in Mittelchile im allgemeinen ein kleines Landgut, Gebäude und Felder und Gärten; insbesondere aber Mais-, Kartoffel-, Bohnen- und im allgemeinen Gemüsefeld, im Gegensatz zum Kornfeld (*trigal*), zum Obstgarten (*huerto*) und Weideland (*potrero*); davon abgeleitet sind *chacrada*, f. die Saat, das Saatfeld; *la chacarería* der Betrieb der *chacra*; collect. Felder; *el chacarero* der Besitzer der *Chacra*. Der Nutzen des Düngers *el huano* oder *guano* (K) war schon den Inkas bekannt; doch ist die regelrechte Ausnutzung der Lager von Vogeldünger (*la huanera*) durch besondere Arbeiter (*los huaneros*) erst dem letzten Jahrhundert vorbehalten gewesen. Zum Schneiden des Pampagrases (K. *ichu*) für die *Llamas* (K) bedienten sich die Peruener einer kleiner Sichel (K) *ichuna*, welche die Mapuches von ihnen annahmen (M) *ichuna*. Der Name wurde von den Spaniern auf die

---

[1] Man vergleiche die Definitionen im Diccionario de Autoridades im Gegensatz zu den modernen spanischen Wörterbüchern.

Metallsichel (*hoz*) übertragen: *ichona* oder gewöhnlich *echona*. Das Wort wird in Chile und den andern Ländern, die es gebrauchen, gewöhnlich *hechona* geschrieben, wohl unter Anlehnung an *hecho*.

§ 14. Weniger bekannt ist der Name *calla*, f., für einen angespitzten Stock, der zum Wurzelausreissen gebraucht wird. Das Wort scheint aus den Keshua oder Aimará zu stammen, wurde aber schon von den Indianern Chiles aufgenommen, als Verbesserung des Landbaues. Sie hatten allerdings einen jedenfalls ähnlichen Apparat, den *hueullu*, der mit durchlochten Steinen beschwert war, die sich in ganz Chile massenhaft gefunden haben; aber derselbe ist wohl früh ausser Gebrauch gekommen; wenigstens haben in diesem Jahrhundert nicht einmal die Indianer sein Andenken und seinen Namen gewahrt. Dagegen sind *chope*, m. (M. vulg.) und *palde*, m. (M. Chiloé) zum Kartoffelgraben noch heute benutzt. Um die in der Asche gebratenen Kartoffeln herauszuholen, gebraucht man in Chiloé den *hueñulqueldu* (M —?).

Der primitive Pflug der Chilenen *luma*, f. (M), bestehend aus zwei etwa zwei Meter langen, spitzen Stöcken aus dem harten Holze des Lumabaumes (*Myrtus Luma*), wird wohl nur noch in Chiloé gebraucht. Durch Druck mit dem Körper werden beide Stöcke gleichzeitig parallel schräg unter eine Erdscholle geschoben, worauf die Weiber und Kinder mit der *palanca* die *lumas* umwenden, so dass die Scholle aufgeworfen wird; beim *palanquear* helfen, heisst *hacer melli* (M —?). Mit der Hacke *hualato* (M —?) werden dann die Schollen zerschlagen. An Stelle der *lumas* trat der spanische Hakenpflug aus Holz, höchstens mit Eisenbeschlag an der Spitze, der noch jetzt nicht überall den importierten Geräten gewichen ist.

Nach Chiloé gehören auch die Ausdrücke *hacer deméltum* (M) ein Feld zum zweiten Male mit Getreide besäen; *hacer detrülhui* (M —?) eine andere Art des Ackerns, und *el aipe* die erste Kartoffelpflanzung im Jahre.

Dagegen ist *huechan*, m. (M?) auch in andern Gegenden gebräuchlich im Sinne von Stoppelfeld oder Feld, auf dem noch keine *chacra* gebaut ist. Das abgeerntete Maisfeld heisst *vochan* oder *bochan* (M), vielleicht dasselbe wie *huechan*, oder doch aus derselben Quelle.

III. Kartoffelkultur.

§ 15. Wie weit das Vokabular der Kulturpflanzenvarietäten selbst bei niedriger Zivilisation des Volkes reichen kann, dafür bietet die Kartoffel ein interessantes Beispiel. In dem Anhang A des Buches *Estudios geográficos e hidrográficos sobre Chiloé* por Roberto Maldonado, *Santiago de Chile 1897*, der von A. Leguas verfasst ist, steht S. 335 ff. eine Liste von über 120 Namen für Kartoffelvarietäten, die auf Chiloé bekannt sind. Viele von denselben sind geographische Herkunftsbezeichnungen, andere spanische Beinamen; aber die meisten sind indianischen Ursprungs, so dass daraus hervorgeht, dass sie bekannt waren, ehe noch die Chiloten das Mapuche verlernten. Heutzutage wird Mapuche nur noch in wenigen verlorenen Winkeln der Insel gesprochen und vielleicht von niemandem mehr als einzige Sprache.

Auch ausserhalb Chiloés sind die *papa doma, chirca, ayunto* und *chaucha* bekannt, sicher auch viele andere der folgenden Liste. Ich habe mehr oder weniger wahrscheinliche Mapuche-Etymologien gefunden für die *papa aítu, codina, cuchi-poñi, curacana, cháped, huaruna, huinco, lingue, mahuinhue, mechai, michuñ, notra, nalca, ñauco, peche, piañe, piconca, picúm, quetri-poñi, quele-picúm* oder *quilli-picúm, quelli, vilu,* und für *quelmemboca* die hybride Etymologie map. *küſman* lecken + span. *boca* Mund; eine Kartoffel, nach der man sich den Mund leckt!

§ 16. Unbekannt, aber jedenfalls auch indianisch ist der Ursprung der *papa caica, cauchahue, coraila, curavoana, guicaña, lline, llille, maondi, maudi, menugñe, niamén, oca, pachacoña, querehua* und *voican.*

IV. Nahrungsmittel und Gerichte.

§ 17. Bei solchem Reichtum an Naturprodukten, die nicht roh gegessen werden, ist es natürlich nicht wunderbar, dass auch die Küche des Chilenen grossenteils indianischen Ursprungs ist.

Von Perú stammt *causear* einen kalten Imbiss nehmen, insbesondere eine Art Fleischsalat aus kaltem Fleisch, Kartoffeln, Zwiebeln, Salat, Oliven mit Öl, Aji etc. Dieses Gemisch wird von Händlern an den Strassenecken zusammen mit *tortillas* (eine

Art Gebäck ohne Hefe) und *chancho arrollado* (Roulade von Schweinefleisch mit viel Gewürz, besonders Aji) feil gehalten. Das Essen selbst heisst *el causeo*; *tener boca de causeo* dicke, wulstige Lippen haben.

Wahrscheinlich mapuchisiertes Keshua ist *cocaví* oder *cocavín* der Reisevorrat; meist nur *charqui, harina tostada* und eine Zwiebel.

Die *empanadas* sind spanischer Herkunft, nicht aber ihr halb scherzhafter Name *pequén*, m. (M. ein Kauz, *Noctua pumilio*), vielleicht zugleich Anspielung auf die Kleinheit des Gebäcks, span. *pequeño*; denn man sagt auch *ser como pequen* = winzig sein. *El pequenero = empanadero*. Die klein-gehackte Füllung der empanada heisst *el pino* (M).

§ 18. Aus Kartoffeln als wesentlichstem Bestandteil besteht *el mallo* (M. vulg.). Wesentlich chilotisch ist *el milcado* oder *milcao* (M —?) eine Art Brot aus Kartoffeln, *tropon* (M) genannt, wenn es auf Holzkohlen gebacken ist, *los váemes* (M), wenn die Stücke im Wasser gekocht werden. Die geschälte und geräucherte Kartoffel heisst in Chiloé *anquéntum* oder *anquénto* (M), dagegen ist *chuño*, m. (jetzt gleichbedeutend mit Kartoffelmehl, auch für das aus Deutschland importierte an-gewandt) eigentlich die peruanische Zubereitung durch Gefrieren-lassen und dann an der Sonne Trocknen. Dabei schrumpft die Knolle runzelig zusammen: *chuñusco* runzelig; *achuñuscar* ausringen, zerquetschen. Auch aus anderen Knollengewächsen wird *chuño* gemacht; so *el chuño de Concepcion* aus „*liuto*". Übertragen vulg. *chuño* = männlicher Samen.

§ 19. Der Mais wird entweder geröstet, *cóvin* oder *cóvil*, m. (M), oder gemahlen (gequetscht) und an der Sonne getrocknet, *chuchoca*, f. (K > M), oder in Lauge gekocht und geschält, *mote*, m. (K > M); daher *el motero* der Moteverkäufer. Das Wort *cancha*, f. (K) ist in der Bedeutung 'gerösteter Mais', nur im Norden bekannt, aber nicht *habas tostadas*, wie im Wb. der Akademie noch in der 13. Aufl. zu lesen, trotzdem der Fehler von amerikanischen korrespondierenden Mitgliedern gerügt wurde. Die *humita*, f. (K > M) besteht aus den geriebenen jungen Kolben (*choclos*), die mit Fett und Zucker (*h. dulce*) oder Aji (*h. picante*) in die Deckblätter eingehüllt und in Wasser gekocht werden; aber nicht in Dampf, wie die Spanische Akademie ihrer nagelneuen Etymologie (span. *humo!*) zu liebe in der 13. Aufl. verbessert (?) hat. Das Keshuawort ist *lluminta* (Middendorf, S. 505), mapuche *uminta*; daher ist die Form *humas*, wie gebildete (!) Leute hier zuweilen sagen, eine falsche Rückbildung, wie *leva* statt *levita* und vielleicht *pepa* neben *pepita* (Etym.?).

§ 20. Der Name *tamal*, m. (nohuatl) für eine ähnliche Zubereitung, ist nicht unbekannt, jedoch wenig gebraucht. Junger Mais mit *porotos* gekocht giebt ein Gericht, das *pirco* oder *pircun* (M) heisst. Dagegen ist die Zusammensetzung des *locro*, m. (K) mit Fleisch *porotos granados, zapallo* etc. komplizierter. *El locro falso* als Fastenspeise enthält kein Fleisch.

Die Maissorte mit kleinen Körnern, *curáhua*, f. (M) genannt, liefert, geröstet bis die Körner platzen, *el llalli* (M. in Mittelchile gesprochen *yáyi*, auch *yái*); *hacer llalli alguna cosa* heisst 'zerbrechen, zerschmettern'. Zusammengebundene und für den Winter aufgehängte Maisbündel heissen *utrún*, m. (M).

§ 21. Verschiedene der oben genannten Ausdrücke werden auch gebraucht, wenn man statt Mais die europäischen Getreidearten nimmt; man sagt z. B. *mote de trigo* im Gegensatz zu *mote de maiz* (vulg. Aussprache *moteméi*); so kann auch *cóvin* und *chuchoca* von *trigo* sein. Wenn also Gerichte aus ursprünglich importierten Getreidesorten indianische Namen haben, so ist dieser eigentlich auf Mais berechnet, d. h. der Name ist älter als das Gericht in seiner heutigen Form; oder der Name ist sonst allgemeiner Natur. Die Mapuches nennen *trigo cachilla* (*kachiʃa*), d. h. *Castilla* nach der Herkunft; die Gerste, die die Spanier hauptsächlich als Pferdefutter brauchten, ist *kaweʃu wa* oder *kaweʃa* eigentlich Pferdemais. *Cachilla* wird ¡von Chilenen im Süden noch gebraucht für nach Indianerart gekochten Weizen; *catuto*, m. (M?) ist gekochter und auf dem Stein gequetschter Weizen; *cori*, m. (M) im Süden gemahlener Weizen, mit Rettig gekocht. *Pioquindo*, m. (M) ein Gericht aus gekeimtem Weizen; *pancurria, pancutra, pantruca, pancutria*, f. (K?) sind verschiedene Namen für in Wasser oder Brühe gekochte Stückchen Teig aus Weizenmehl; *mella*, f. (M? Chiloé) Brot aus gekeimtem Weizen; *los huilquémes*, m. (M? Chiloé) eine Art in Wasser gekochtes Brot.

§ 22. Die beliebteste Zubereitung für Mais und Getreide ist *harina tostada*; d. h. die Körner werden mit grobem Sand gemischt in einer *callana* (siehe „Küchengeräte") oder einem zerbrochenen Eisentopf halb geröstet (*culincar* oder *cullincar*) (M. vulg.), oder ganz geröstet (*tostar*), wobei man sie mit ein paar Stöckchen — *rungue*, m. (M. vulg.) — umrührt. Dann werden die Körner vom Sande gereinigt — in einigen Gegenden *chillincar* (M?) — und auf dem Stein gemahlen. Auf Chiloé nennt man *trigo tostado cultra*, f. (M —?); dort mischt man noch nach Indianerart Leinsamen (*linaza*) unter die *harina tostada*. Der Indianerausdruck für letztere, *murque*, m. (M), wird im Süden auch von Chilenen gebraucht. *Harina tostada* trocken essen heisst *panuncar* (M); mit Zucker und wenig heissem Wasser angemacht, heisst das Gericht *chércan*, m. (M); mit kaltem oder warmem Wasser, mehr oder weniger dick, *ulpo*, m. (M), mit Wein oder Chicha als Getränk *cupilca, chupilca, tupirca*; da einige Geschicklichkeit dazu gehört, sich hierbei nicht zu verschlucken, oder wenigstens räuspern zu müssen, so heisst *achupilcarse*, auch *achipilcarse*, geradezu „sich verschlucken" = *atorarse, atragantarse*. Ob *el sanco* indianischen Ursprungs oder etwa aus *sancocho* abgekürzt ist, weiss ich nicht; es besteht aus *harina tostada* mit Zwiebel, *orégano* und *color* mit wenig kochendem Wasser angemacht. *La color* ist *grasa* (Rindertalg) mit *ají de color*, nicht starkem, roten Ají zusammen ausgelassen. *Ñaco*, m. (M —? vulg.) ist Brei aus *harina tostada de maiz o de trigo con dulce* und mit wenig warmem Wasser angerührt; *mignao*, m. (M —?) in Chiloé Harina tostada mit Brühe von Schweinefleisch — *caldo de cochi* oder *chancho*.

§ 23. Südlich vom Maulefluss wird auch junge Gerste geröstet und geschroten als *anchi*, m. (M). Die Chiloten backen Brot aus Leinsamen *meldu*, m. (M). Um *Zapallo* aufzubewahren, schält man ihn, entfernt die Kerne und schneidet jede Hälfte in eine lange, dünne Spirale, die auf einen Stock von *colihue*, m. (M. *Chusquea quila*) aufgezogen getrocknet wird. Das nennt man südlich vom Maule *lloco*, m. (M —?), weiter nördlich einfach *charqui de zapallo* (siehe *charqui* § 24). Welcher Art das im Süden gebräuchliche *bautucán*, m. ist, habe ich nicht ermitteln können; der map. Etymologie zufolge ist es etwas Gekochtes (*raitukan* etwas sieden lassen).

§ 24. An Fleischnahrung hatten die Indianer vor der Eroberung ausser der Jagd [*huanaco, pudu (venado); huemul (Cervus antisiensis* nur ganz im Süden) zahlreiche Vögel und Kleinwild] auch das wahrscheinlich aus Perú eingeführte Lama, das Mitte des 18. Jhs. ausstarb, weil seine Zucht neben dem Schaf nicht mehr lohnte; später die europäischen Haustiere: Schaf, Rind, Schwein, und als besonderen Leckerbissen Pferdefleisch. Die Aufbewahrung des Fleisches, in dünne Scheiben geschnitten, gesalzen und an der Sonne getrocknet, *chárqui*, m., lernten sie von den Peruanern (in Nordamerika entspricht *pemmican* ungefähr dem hiesigen *charqui*). Die Bereitung heisst *charqueo*, m., das Verbum *charquear*. Ein chilenisches Gericht von *charqui* ist *charquicán*, m. (Mapucheableitung auf *-kan* von Keshua *charqui*). Heutzutage wird auch frisches Fleisch zum *charquican* genommen, und da dasselbe viele Zuthaten hat, wie Kartoffeln, *choclo, porotos verdes*, Zwiebel etc., so bedeutet das Wort im übertragenen Sinne soviel wie 'Mischmasch, Gemengsel, Durcheinander'.

§ 25. Eine andere Art Fleischfetzen, die die Indianer essen und auch die Chilenen im Süden kennen, heisst *huilhuil*, m. (M); übertragen als Adj. = 'zerlumpt', als Subst. 'Knäuel, Wirrwarr'. Auch die Indianer gebrauchen *wiʃwiʃ* für zerfetzte Kleider, so dass 'Fetzen, Lumpen' wohl die ursprüngliche Bedeutung ist. Eine Anlehnung an dieses Wort ist die chilotische Form für span. *piltrafa* oder *piltraca*, chilenisch *piltraja*, chilotisch *huiltraja*.

§ 26. Auf Fleischnahrung bezieht sich auch *llide*, m. (M. Chiloé) = *concho de manteca* d. h. Bodensatz von Schweinefett ['Butter' heisst in Chile nur *mantequilla; grasa* heisst 'Rindertalg']; *marmal*, m. (M) der Markknochen mit wenig Fleisch. Aus Perú stammt *el ñachi*, zunächst 'warmes rohes Blut mit Gewürzzuthaten', das als Verdauung befördernd oft den Schluss der Mahlzeit bildete — *preparar un ñachi pa ayudar la dijestion; estar ñachi* oder *ñachi* 'satt sein'; *sacarle ñachi a uno = sacar chocolate*, jemandem durch einen Schlag die Nase zum Bluten bringen. *Trahua*, f. (M) nennen die Chiloten beim Schweinebraten die geröstete und geplatzte Schwarte, *sema*, f. (M —?) ein mit Fettgrieben gemischtes Brot.

§ 27. Das Wort für spanischen Pfeffer, *Capsicum annuum*, *ají*, stammt jedenfalls aus Mittelamerika, von wo die Spanier es mitbrachten (Adj. *ajiáco*) und deshalb das mapuche *trapi* nicht annahmen; dieses ist jedoch den Chilenen bekannt im allgemeinen Sinne von 'scharf gewürzt'; *trapicar* (M. vulg.) heisst 'beissen wie Pfeffer'. Aji und Salz zusammen im Mörser gerieben giebt *merquén*, m. (M. vulg.).

§ 28. Eine alte ursprüngliche Bereitungsweise, in Erdlöchern mit glühenden Steinen allerhand Seetiere, Muscheln, Seeigel etc. mit einigem Gemüse zu dämpfen, hat sich in Chiloé erhalten und heisst *curanto*, m. (M); es soll vorzüglich schmecken. Andere Gerichte aus Seetieren, *mariscos*, heissen in Chiloé *chadupe*, m. (M —?) und *polmai*, m. (M —?).

§ 29. Milchspeisen kannten die Indianer nicht; denn sie hatten kein melkbares Tier; doch haben sie dieselben früh kennen gelernt. Ein ordinärer, zweiter, d. h. aus der schon entrahmten und noch einmal durch Zusatz von Labmagen [*lonco*, m. (M)] geronnenen Milch heisst *catrintre*, m. (M. = zweimal geronnen).

§ 30. Woher das Wort *chancaca*, f., für einen braunen syrupartig schmeckenden Rohzucker kommt, habe ich noch nicht finden können, vielleicht nahuatl.

§ 31. Nach Chiloé gehören die Ausdrücke *hacer cupu* (M), Fleischstücke über Holzkohlen rösten und *hacer mái* (M), etwas zum ersten Male essen.

§ 32. Ein amerikanisches Genussmittel ist bekanntlich der Tabak, *el tabaco* (Mittelamerika); seine mapuche Bezeichnung *pitren*, m. ist nur im Süden bekannt. Die Pfeife, *cachimba*, f. (karaibisch?), ist jetzt unter Chilenen sehr selten; die der Mapuches *quita*, f. nur im Süden bekannt. *El llingue* (M —?) 'eine Zigarre aus starkem Tabak' kennt man nur in Chiloé; dagegen ist das Wort *pucho*, m. (M > K) für den 'Zigarrenstummel' allgemein gebraucht. Auch i. A. 'Reste, Abfälle' von andern Sachen.

V. Küchengeräte.

§ 33. Mit den Gerichten sind auch mancherlei Küchen-geräte von den Indianern übernommen worden. Auf Chiloé scheinen beschränkt zu sein: *chaipe*, m. (M—?), ein Messerchen zum Kartoffelschälen; *chanquelle*, m. (M), die gabelförmige Stütze des Bratspiesses; *collín*, m. (M), Stock, an dem Fleisch zum Trocknen aufgehängt wird; *chunga*, f. (M?), ein Holzfass zum Auffangen der *chicha* an der Presse; *alita*, f. (M—?), ein flaches Körbchen. Interessant ist das Wort *cancahua*, f. für eine poröse, leichte Gesteinsart, aus der man eine Art Bratherd baut. Febrés sagt in seinem Wb. „*cancahuc* el asador i tambien las cancahuas de piedra"; map. *kankan* stammt aus dem Keshua und heisst 'am Bratspiesse braten', was also die Mapuches von den Peruanern lernten, während sie sonst einfach die Fleisch-stücke auf die glühenden Kohlen legten (vgl. § 31 *hacer cupu*) oder mit heissen Steinen oder in erhitztem Sand buken, letzteres heute noch zur Verfertigung des *milcao, tropon* etc. gebräuchlich.

§ 34. Die *rungues* und ihre Benutzung beim Kornrösten habe ich schon erwähnt; *quedar en rungue* (vulg.) sagt man in Santiago von abgenutzten Besen und Flederwischen (*plumeros*), von Straussenfedern, — bis auf den Stiel aus Colihue (map. *rüne*) abgenutzt sein. Heute wird nur für die ganz langen Plumeros, zum Abstauben der Decken und Häuser *colihue* gebraucht. Der eigentliche Sinn von *rungue* ist vergessen. Auch die *callana*, f. (K) habe ich schon erwähnt, 'eine flache irdene Schüssel'; über-tragen 'die alten grossen Taschenuhren'. *Tener callana* heisst 'Negerblut in sich haben'; es soll ein Zeichen der *sambos* sein, dass sie am Gesäss schwarze Flecken (*callanas*) haben. Was daran Wahres ist, weiss ich nicht. Unmöglich ist es nicht; vgl. z. B. v. Bülow, Die Geburtsflecken der Samoaner im *Globus* vom 6. Okt. 1900, Bd. 78, Nr. 13. Das Fell unter dem Stein, auf dem gemahlen wird, heisst *el chúcun, chúquen* oder *chuco* (M).

§ 35. Die Spanier fanden in Chile eine vielleicht teilweise unter peruanischem Einfluss ziemlich entwickelte Töpferkunst vor. Noch heute existieren in Gegenden, wo es Töpferthon giebt, sogenannte *pueblos de indios*, die vielleicht erst vor kurzem ihre Sprache aufgegeben haben. Fast alle im Haushalte des niederen

Volkes gebrauchte hiesige Töpferware hat noch ziemlich genau die alten indianischen Formen behalten. *El porongo*, ein Thonkrug mit langem Hals, auch auf *Calabazas* angewandt, ist von den Mapuches aus Perú übernommen; *el chuico* (M) ist ein Töpfchen mit rundem Boden und Henkeln; *el ral, rale* oder *rali* (M) eine hölzerne oder irdene Schüssel, gewöhnlich mit Henkeln; *el canco* (M) ein grosses irdenes Gefäss zum Wasserholen. *Chimulcar* heisst das letzte Brennen des Thongeschirrs, ehe es zum Gebrauch fertig ist.

§ 36. Das Wort *huámparo*, m., heute auf ein grosses Trinkhorn angewandt, bezeichnete im Keshua (*huampuru*) einen grossen Kürbis, der demselben Zweck diente. Ob *chambao*, m., ein Gefäss aus einem Stück Ochsenhorn mit Holzboden indianischen Ursprungs ist, weiss ich nicht; vielleicht hängt es mit *chambon, sambo* u. ä. zusammen. *La copucha* oder *cupucha* ist die Blase vom Rind oder Schaf, die als 1) Klystierspritze, 2) Schwimmblase und 3) zum Aufbewahren von Schweinefett gebraucht wird. Es scheint, dass die Mapuches das Wort von den Keshuas in der ersten Bedeutung, und damals von anderen Tieren, angenommen haben. *Hacer cupuchas* heisst die Backen aufblasen. *Cutra*, f. ein Rinderdarm zum Aufbewahren von Flüssigkeit, scheint auch indianischen Ursprungs zu sein.

§ 37. *El lulo*, jedes Ding, das länglich und rund ist, auch 'ein langer Mensch, eine Walze' ist vielleicht mit span. *rulo* zusammenzubringen; doch liegen auch indianische Etymologieen mehr oder weniger nahe; daher *el lulero*, auch *ulero* das Nudelholz und wohl auch *el cachilulo* d. h. *cacho de lulo*; so nennt man den künstlichen Aufbau aus Stangen, die mit Lederriemen zusammengebunden sind, an der Vorderseite eines Heuoder vielmehr Strohwagens; es bildet einen Wulst von etwa 80 cm Durchmesser in U-form.

VI. Getränke.

§ 38. Das Nationalgetränk der Chilenen ist *la chicha*; so nennt man jedes gegohrene alkoholische Getränk, insbesondere im Zentrum *chicha de uva*, eine Art gekochten Mosts von lehmiger Farbe und mit starkem Bodensatz. Im Süden vornehmlich *chicha de manzana*, Apfelwein. Die Indianer bereiteten *chicha* aus einer Unmenge von verschiedenen Früchten. Das Wort stammt aus Mittelamerika, nach MENDOZA, Catalogo de Voces Mexicanas *nahuatl : chichiatl* = gegohrenes Wasser. Die Mapuchen nennen dasselbe *pülku*. Dagegen ist der Bodensatz el **concho** aus dem Keshua ins Mapuche, und so ins Spanische gekommen; es bezeichnet auch allgemein 'Hefe, Niederschlag im Wasser, Rückstände, Getränk- und Speisereste'; *celebrar los conchos* die Nachfeier, der Katerschoppen. Als Minenausdruck ist *concho* = „Gekrätz". Daher **aconcharse** 'sich setzen' von trüben Flüssigkeiten, *aconchado* auch = 'trübe'.

§ 39. Auf die Etymologie des mexik. Wortes **chocolate** will ich als nicht speziell chilenisch nicht eingehen; jedenfalls ist es nicht schlechthin von *cacao* oder *cocoa* abzuleiten. Auch der **mate** stammt von auswärts, wohl Paraguai. Das Wort wird nicht nur für den Aufguss gebraucht [der Thee selbst heisst einfach *ycrba*; wogegen das Gras in Chile *pasto*, das Kraut, die kleine Pflanze *una mata* genannt; beides im niederen Volke nie *ycrba*], sondern auch für das Gefäss, sei es eine natürliche *calabaza* oder eine thönerne Nachbildung; sodann scherzhaft = Kopf, Schädel. Die *materos* (Matetrinker) haben in Chile schon sehr abgenommen. In guten Familien wird er nie mehr angeboten.

§ 40. Der Schnaps heisst neben andern spanischen Bezeichnungen, **huachacai** und **huachucho**, was wohl auf *huacho* (M < K) zurückgeht (siehe das Wort weiter unten). Die Zahl der *ponches* ist endlos je nach den Zuthaten. Ein *ponche* aus Limonade und Branntwein heisst, wohl wegen des Schaumes, **quillai**, m. (M) nach der Pflanze *Quillaya saponaria*, deren Rinde im Volke vornehmlich zum Waschen des Kopfes (!) benutzt wird. **Mudai**, m. (M) ist eine Art Meth der Mapuches; im Süden auch den Chilenen bekannt. Die Etymologie von **chuflai**, ein Mischmasch aus Bier und Limonade, ist mir unbekannt; vielleicht eine burleske Schöpfung; es soll aus dem Refrain eines vor 10—20 Jahren in Valparaiso bekannt gewordenen englischen Liedes stammen. Näheres habe ich nicht ausfindig machen können.

VII. Wohnung.

§ 41. Der spanische Ausdruck für die Hütten des niederen Volkes ist *rancho*, desssen Bedeutungsübergang von der Nahrungslieferung für den Soldaten der Conquista auf dessen Unterkommen leicht zu verstehen ist; vgl. *hacer rancho, zafar rancho* etc. Wo der *rancho* liegt, ob im Felde oder in den äusseren Stadtteilen von Santiago, ist gleichgiltig;[1] ebenso ob die Wände *tapia, adobes, quincha, pirca* oder *tablas*, das Dach aus Stroh, Schilf (*totora* K), Brettern, Ziegeln oder Eisenblech (*fierro acanalado, cinc*, chil. *cinguc*) sind. Als charakteristisch möchte ich annehmen, Mangel eines Fussbodens, einer Zimmerdecke und gewöhnlich Abwesenheit der Fenster.

Der Mapucheausdruck für Haus ist *ruca*; so nennt man im Süden die Hütten der Indianer; sonst besonders die kleinen Hütten, die die Minenarbeiter (aus Stein), die Holzfäller (aus Brettern), die Feld- und Weinbergshüter (aus Reisig) zum Unterschlupf errichten. *Ir a la ruca* (vulg.) heisst übertragen 'schlafen gehen'.

§ 42. Dass übrigens die Chilenen die peruanische Bauart annahmen, beweisen die Wörter *quincha*, f. (K), aus Schilfrohr und Reisig geflochtene Wand, mit oder ohne Lehmbewurf[2] [Ableitungen: *quinchar* = *hacer quinchas; el desquinche* Minenausdruck 'Querbau'] und *pirca*, f. (M < K) Wand oder Mauer aus unbehauenen Steinen, auch Rollsteinen mit oder ohne Lehm; sie wird oft zum Einzäumen der Felder und *potreros* gebraucht (*pircar un terreno*). Aus dem Keshua stammt auch *el comucho* oder *cumucho*, Hütte der Feldhüter aus Zweigen und Schilf, Raum einen Meter hoch (K. *k'umuchij* heisst sich bücken) und mit nicht viel mehr als einem Quadratmeter Bodenfläche; daher übertragen 'das Anhäufen, Zusammendrängen vieler Personen, Tiere oder Gegenstände auf engem Raum'; dasselbe bedeutet *acumucharse el acumuchamiento*. Auch *el socucho* oder *sucucho* Winkel, enge Kammer und vielleicht auch *chucho*, m., einer der Scherzausdrücke für Gefängnis [andere

---

[1] Das Wb. der Akademie sagt „fuera de poblado".

[2] *Un esquinazo de pata en quincha* ist ein Ständchen; der Sänger mit der Guitarre (*vihuela*) stützt seinen Fuss auf einen Knüppel der *quincha*.

sind *capacha, chirola* [1])], scheinen aus dem Peruanischen zu stammen. *La **carpa*** (K) ist der gewöhnliche Ausdruck für 'Zelt' geworden, vielleicht unter Einfluss des span. *carpeta*. *Tampu* nannten die Peruaner die Herbergen an den Landstrassen; daher *el **tambo*** in Perú = *posada, meson, venta,* am La Plata = Milchverkauf am Kuhstall, in der Stadt, in Chile besonders schlechte Kneipe, Bordell.

Encolihuar heisst mit *colihue* (M. *Chusquca colcu*) Decken und Wände machen; *el encolihuado* ist solches Fachwerk.

VIII. Kleidung.

§ 43. Von den Wörtern für Kleidungsstücke sind vorweg zu nehmen solche, die sich noch heute wesentlich auf den Indianer beziehen: *el **anaco*** (K) Rock oder Decke der Indianerinnen im Norden; ***choñe***, m. (M) dasselbe im Süden; ***chamal***, m. (M) ein grosses schwarzes Tuch als Hauptbekleidungsstück der Mapuches, von den Frauen hemdartig umgethan, von den Männern um die Hüfte gelegt und zwischen den Beinen nach vorn heraufgezogen, so dass es eine Art vorn offene Hose bildet, die mit dem Gürtel festgehalten wird. In dieser Form nennen es auch die chilenischen Indianer zuweilen ***chiripa***. In Argentinien und bis nach Rio Grande war es die gewöhnliche Bekleidung der Landbevölkerung (*gauchos*); jetzt geht mit dem Überhandnehmen der besonders italienischen Einwanderung die Mode auch dort zurück. In Argentinien sagt man *el chiripá*; die Etymologie ist wahrscheinlich K. *chiripac* „für die Kälte". Ob der in dem spanischen Wb. verzeichnete Ausdruck *la chiripa*, der Glücksfall beim Spiel (so auch in Chile), dasselbe Wort ist, kann ich nicht mit Bestimmtheit sagen. Dass Spielerausdrücke von Amerika nach Spanien gewandert sind, ist sehr wohl möglich. Als Schülerausdruck heisst *dar un chiripazo* versuchen, ob man sich ohne Kenntnisse beim Examen durchschwindeln kann.

§ 44. Unter dem *chamal* trägt man Unterhosen aus Leinen oder Baumwolle; diese nennt der Mapuche *charahuilla* aus dem span. (arab.) *zaragüelles,* das sonst in Chile ganz vergessen ist.[2])

---

[1]) = span. *chirona.*

[2]) Ein anderes Wort, das die Spanier hier vergessen, die Indianer aber bewahrt haben, ist *limeta.*

Die Mapucheform *charahuilla* wird für schmutzige, unartige, unruhige und schwatzhafte Kinder gebraucht; dabei hat wohl der „Hosenmatz und Buchsenschisser" ebenso mitgewirkt wie „die Plaudertasche, das Plappermaul", span. *tarabilla*.

§ 45. Das nationale Kleidungsstück des Chilenen aus dem Volke ist der *poncho* (M), ein grosses viereckiges Wolltuch mit Schlitz in der Mitte für den Kopf und alle seine Unterarten, je nach Grösse, Stoff, Zeichnung etc. Kleiner und dünner, mehr zum Schutz gegen Sonne und Staub, heisst das Kleidungsstück *la manta* [dagegen *el manto* das grosse schwarze Tuch der Frauen aus dünnem Woll- oder Seidenstoff; auch bei den besten Ständen zum Kirchgang obligatorisch und auch sonst vormittags bei Einkäufen über dem Matiné — auch über der Nachtjacke! — getragen, mit oder ohne Verhüllung des Kopfes]. Ein Poncho aus dickem, wolligem Stoff heisst in einigen Gegenden *litro* oder *ritro* (M. vulg.); ein solcher mit Franzen *chamanto*, m. (vielleicht eine hybride Bildung aus *chamal* und *manto*; aber vgl. auch span. *chamarra, zamarra*). Eine wollene Decke ohne Schlitz heisst wie im Span. *frazada*, volkstümlich *fresá(d)a*; *el chaño* (M. vulg.) und *la lama* (M. vulg.) sind Decken, die zum Sattelzeug gehören.

§ 46. *El quillango* heisst die Felldecke, die von Indianern der Pampa aus Huanaco-, Straussen-, Fuchs- und anderen Fellen gemacht, mit Sehnen zusammengenäht und auf der Rückseite gefärbt werden; das Wort scheint aus dem *Tchuelche* zu stammen.

El ñanque (M? *Süd*) ist ähnlich, aber, wenn ich nicht irre, kleiner.

La huincha (M < K) ist allgemein ein Band als Gürtel oder Schmuck, auch das importierte Leinen- und Baumwollband. *Ser un* (!) *buena huincha* heisst ‘eine feine Nummer, ein Gauner sein'.

El tupo (M) ist die grosse silberne Nadel, mit der die Indianerinnen an der Schulter den *chamal* zusammenstecken; im Süden jedem Chilenen bekannt.

§ 47. Die einfachste Fussbekleidung ist ein einfaches Stück Leder, das mit einem gekreuzten Riemen über dem Fuss gehalten wird, *chalaila, chalala* oder *chalaina*; die Etymologie ist mir unbekannt, aber vermutlich amerikanisch. Schon besser sind *las ojotas*; ihr Leder ist grösser und schuhartig umgebogen, so dass der Fuss auch von den Seiten geschützt ist, die *ojota minera* ist noch solider als die *ojota chacarera,* den Bedürfnissen angemessen. Das Wort steht in Keshua-Wörterbüchern, scheint aber aus Mexico zu stammen. *El zumel,* auch *umel, chumel,* ist der Indianerstiefel aus einem Stück Leder vom Hinterbein des Pferdes; dasselbe wird feucht übergezogen und schmiegt sich der Wade und dem Fusse an. Die Zehen sind oft frei, um mit ein oder zwei Zehen den Steigbügel zu halten. Die *Gauchos* gebrauchen dieses Schuhzeug noch heute; doch nennt man es meist *botas de potro.* Das Wort steht in Mapuche-Wörterbüchern, scheint aber aus der Pampa zu stammen (tehuelche?).

§ 48. Der Strohhut heisst *chupalla,* f. (K) nach dem ursprünglichen Material (*Agave americana*), heute ohne Rücksicht auf die Strohart; ebenso wie *pita,* f. (mexikanisch), letzteres Wort wenig gebraucht; z. B. *sacarse la pita* 'den Hut abnehmen'. Anständige Leute tragen *manta* und *chupalla* nur, wenn sie aufs Land gehen; in der Stadt herrscht der *tongo,* m. (Et.?), der steife Filzhut, *el chambergo* (siehe Wb. der Akademie, 13. Aufl.), der weiche Filzhut und *el colero* oder *tarro de unto,* die „Angströhre".

§ 49. *Hacer melputo* ist chilotisch, jedenfalls aus dem Mapuche; es heisst 'sich die Kleider aufschürzen' zur Arbeit.
Mehrere Ausdrücke sind annähernd synonym für alte Kleider, Lumpen, Gerümpel: *cachárpas,* f. pl. (K), Kleider, Geräte, auch Sattel und Betten; nach der Etymologie alles, was man mitnimmt auf die Reise; *cacharpearse* 'alle seine Kleider anziehen', auch 'sich übertrieben aufputzen'; sodann 'allmählich die für den Haushalt nötigen Sachen zusammenschaffen'; *el cacharpero* der Althändler, Trödler. *Los chamelicos* (K?), Gerümpel; *las chácharas* (K) oder *chacharáchas* (so in Santiago), Plunderkram, wertlose Sachen. *Los chilpes* (K), alte Sachen, Lumpen; davon *chilposo, a* zerlumpt; dasselbe bedeuten *huilhuiles, huilas,* adj. *huiliento* (M) (vgl. § 25).
La pelcha (M, vielleicht aus K) ist ein Haufen alter Kleider, Säcke u. dgl., der lange zusammengedrückt in einer Ecke gelegen (Etym. = zerdrückt, zerknüllt sein), dann auch ein im Winkel aufgeschichteter Haufen Kartoffeln u. dgl., von ein paar

Brettern zusammengehalten; *alpelchave* von Kleidern: ruiniert werden durch liederliches Aufbewahren und Zerdrücken. *Las pilchas* (wahrscheinlich von demselben Ursprung) = *chilpes* *la pilcha* ist auch in manchen Gegenden ein Stück Fell, das dem Rindvieh oder Schafe am Halse oder Kopfe halb losgeschnitten herunterhängt als Eigentumsmarke.

IX. Webstuhl.

§ 50.   Dass die noch vielfach geübte Hausindustrie der Chilenen, das Weben von *mantas frazadas* etc. nicht spanischen, auch nicht einmal peruanischen, sondern rein araukanischen Ursprungs ist, beweist, dass noch heute fast ausschliesslich mapuche Wörter die Teile des Webstuhls und der Arbeit bezeichnen.   Übrigens ist der Apparat selbst auch bis auf unwesentliche Abweichungen der Befestigung z. B. bei Chilenen von Mittelchile (Talca, Linares) und Indianern des Südens derselbe. Natürlich sind alle Namen der Teile des Webstuhls fast nur der daran arbeitenden Klasse bekannt.   Die beiden horizontalen Pfähle oder Stöcke, welche den Aufzug halten, heissen *quilvos* (M); die vertikalen, welche die *quilvos* auseinanderhalten, heissen *largueros* (span.); in manchen Gegenden werden alle vier Pfähle *quilvos* genannt.   Der Faden, der den Aufzug am unteren *quilvo* festhält, heisst *el huachi* (M) „die Schlinge" [auch zum Vogelfang]; um die Fäden kreuzen zu können, sind die hinteren mit einem besonderen Faden, der zwischen den vorderen durchgeht, am *tonón* befestigt, einem Pfahl, der vor der Kette locker herunterhängt.   Der Einschuss heisst einfach *madeja* (span.). Mit dem *ñerehue* oder *nerehue*, auch *ñereo* (M) werden die Fäden nach der Kreuzung fest geschlagen.   Was die Indianer[1] und Chilenen mit diesem primitiven Werkzeug fertig bringen, ist aller Ehren wert.   Wenn die Wolle filzig ist, so nennt das der Chilene *lupe*, adj. (M).   Auch das Färben geschieht teilweise noch mit den zahlreichen von den Indianern entdeckten Farbkräutern.   Ich nenne nur beispielsweise *macano*, m. (M —?), *rélvun*, m. (M), *ñipe*, m. zum Färben und *culli* als beizende Grundlage, und Erden wie *rovo*, m. (M) und *polcura*, f. (M).

---

[1] Ursprünglich haben die Indianer natürlich statt Schafwolle die vom Lama und Huanako genommen.

X. Hausgerät u. dgl.

§ 51. Das Hausgerät des Indianers ist einfach; „Möbel" hat er nicht viel; nicht einmal Tische und Bänke. Wie der Indianer, so hockt auch noch der Chilene aus dem Volke auf dem Boden, oder auf ganz niedrigen Schemeln. Der *huaso*, der vielleicht mehrere Stunden im Sattel gesessen, steigt ab und setzt sich unter einen Baum, nicht etwa platt auf den Boden, nein, auf seine eigenen Absätze in Hockerstellung! — Das Thongeschirr hat noch meistens den runden Boden, der wohl auf den unebnen Boden, in eine kleine Vertiefung passt, aber nicht auf den gehobelten europäischen Tisch. Als Bett dienen Matten, Felle, Decken. In den Kleidern zu schlafen ist nichts Ungewöhnliches; oder man zieht den Rock (den Poncho) aus, um sich damit zuzudecken. Der Spanier konnte wenig lernen. Die *hamaca* scheint karaibischen Ursprungs zu sein; sie ist nur dem gebildeten Chilenen bekannt und wenig gebräuchlich. Ableitung: *hamaquear*. Der Norden kennt *el huando* (K), eine Tragbahre, die von vier Personen auf den Schultern getragen wird; der Süden (Chiloé) *el netantu* (M) die Bettdecke, das Betttuch.

§ 52. Aus Mexiko stammt *la petaca*, in Chile 'eine Art Lederkiste mit Deckel'; sie wurde früher in Santiago von den Bäckern benutzt, die zu Pferde auf jeder Seite eine *petaca*, das Brot in die Häuser brachten (*pan de petaquero*). *La huayaca* (K) ist der Tabaksbeutel, in einigen Provinzen auch der Geldbeutel. *La umpa* (M —? Chiloé) ein Beutel aus Ziegenleder. Der gebildete Mensch trägt die Papierscheine in der *cartera* (span.), Kleingeld locker in der Tasche oder in einem Miniaturportemonnaie „*la chauchera*" von *chaucha*, der Münze, die offiziell *un veinte* heisst (*una pieza de veinte centavos*). In Buenos Aires isst man *chauchas* — es sind unsere *porotos verdes*. Hier heisst eine Kartoffelart *papa chaucha*; *un chaucho* ist hier ein jetzt ziemlich seltener Ausdruck für die Münze *medio centavo*, gewöhnlich *un chico*; im Süden nennt man *chaucho* eine Traglast von etwa einer *arroba*, 25 Pfund. Die Grundlage aller dieser Worte ist k. *chauchu*, nach MIDDENDORF S. 373 die Keimsprossen der aufbewahrten Kartoffel. Doch muss die ursprüngliche Bedeutung „frühreif, noch nicht ganz reif" gewesen sein.

Die *papa chaucha* ist frühreifend. In Catamarca (Nordargentinien) heisst nach LAFONE QUEVEDO, Catamarqueñismos, Buenos Aires 1898, S. 95. 96, *cosa chaucha* = *cosa falta, incompleta, desmedrada*; so erklärt derselbe die chilenische Münze *chaucha*, weil sie die alten Zweirealenstücke ersetzte, die 25 Centavos wert waren. Ich habe diese Erklärung zwar in Chile noch nicht gehört, aber auch keine andere halbwegs so annehmbare. So mag auch *el* (*cobre*) *chaucho* so genannt sein im Verhältnis zum *cobre* (= 1 Centavo) oder zum alten *ocharo*. Heute ist die allgemeine Bedeutung des Wortes durchaus vergessen. Das 20 Cts.-Stück heisst zuweilen auch *la chirola* (Etym.?).[1])

§ 53. Auf Flechtwerk und Korbwaren beziehen sich: *la juba* (haitianisch, alte Orthographie *haba, hara*), ein Behälter aus Stäben in Käfigform; *la chihua*, ein ovaler Rahmen aus Rohr mit Riemen, Baststricken oder Gerten weitmaschig überspannt; sie wird einzeln hängend benutzt zum Aufbewahren von allerhand Sachen; auch gelegentlich als Wiege, oder paarweise zusammengebunden, um etwa Gemüse zu transportieren. *achihuarse* heisst z. B. von einem alten Dach: in der Mitte einsinken. Auf Chiloé wird *la chihua* als Mass = *media fanega* für Kartoffeln benutzt. Die Etymologie ist nicht ganz klar; wahrscheinlich Keshua. Der Randbogen der *chihua* heisst auf Chiloé *chiñilhue*, m. (M). *El chinguillo* geht wohl auf das sachlich entsprechende Mapuche-Wort und bedeutet etwa dasselbe, aber ohne festen Rand mehr sackförmig. *El llol* (M. vulg.) (Chiloé *llole*) ist eine korbartige Fischreuse, auch als Korb für Gemüse benutzt. *Chaihue*, m. (M) ein kleines festes Körbchen, ist nur im Süden bekannt, auf Chiloé in mehreren Abarten. *El llepo* (M) ist ein tellerförmiges Geflecht der Indianer, nur im Süden bei Chilenen bekannt.

Nach Chiloé gehört *la lapa* (M), eine Holzschüssel und *la chunga* (?), ein Bottich zum Auffangen der Chicha (siehe § 33).

---

[1]) Dass das Wort *chaucho* früher auch in Chile allgemeiner gebräuchlich war, beweist die jetzt unerklärliche, aber noch im Volke Santiagos gebräuchliche Redensart „*¡qué amor tan chaucho!*", mit der eine *niña* jemanden abweist, der, ohne sie näher zu kennen, plötzlich anfängt ihr Liebeserklärungen zu machen (*pololear* siehe oben).

§ 54. *La macana* (K. die Nahuatl-Etymologie des Wb. der Akademie beruht auf Verwechselung) heisst die 'Keule'; übertragen 'klotzige Dummheit', dann auch 'das männliche Glied'; *macanudo, a* gross, dick, klotzig; auch *un ponche macanudo* ein sehr starkes Getränk; *el macanazo* der Keulenhieb, auch grobe Unwahrheit.

§ 55. Sehr zahlreich sind Worte, die Strick, Peitsche u. ä. heissen, mit denen die Indianer im Dienste der Herren oft Bekanntschaft machten: *la huasca* (K) die gewöhnliche Kutscherpeitsche, Riemen; *huasquear* = *dar huasca* peitschen; *el huascazo* der Hieb.

La huaraca (K) die Peitsche, der Strick zum Kreiselspielen; *huaracazo* = *huascazo*.

La huira (M) ist der als Strick benutzte Streifen Baumrinde; *dar huira* = *dar huasca*. Aus Mexiko stammt *el chicote* die Peitsche, und seine Ableitungen *chicotear, chicotazo.*

El laque oder *laqui* (M) sind die *bolcadoras*, die Schleuderkugeln der Gauchos und Pampaindianer; in Chile sehr selten gebraucht; *laquear* = *bolear.*

El llame (M), die Schlinge zum Vogelfangen und *el lleivun* (M), ein schwacher Strick, dünnes *lazo*, gehören nach Chiloé und dem Süden. *La trilintroya* (M?) ist die Schlinge aus Sehnen (Darmsaite), mit der die Polizisten den Verbrecher am Handgelenk führen.

Eine Bereitungsweise des Felles ist *hacer ñedu* (M. Chiloé), die Haare abkratzen nach vorhergehender Fäulnis.

El hule (mexikanisch; das *h* ist unberechtigte Schreibung) ist ursprünglich das Gummi, Kautschuk; jetzt nur gleich Wachstuch (Spasses halber vergleiche man die Etymologie der Akademie 12. Aufl. deutsch „*Hülle*", 13. Aufl. frz. *huilé!*).

§ 56. Hier reihe ich an *la quena* (K) die Flöte, *el charango* eine Art Mandoline der Peruaner, welche ein *yaraví* m. (das Lied K.) singen.

Von den Instrumenten der Araukaner ist nur die *trutrúca* oder *tutúca,* eine bis über 3 Meter lange Kriegstrompete aus *Colihue,* und *el cultrún* oder *la cultrunca* (M), die Trommel der *machi* (Medizinmann oder -frau), den Chilenen allgemein bekannt.

XI. Bergbau.[1]

§ 57. Wie sehr sich die Spanier mit Hilfe der Indianer der Ausbeutung von Edelmetallen in Amerika beflissen haben, ist hinlänglich bekannt. Da die Bearbeitung der chilenischen Bergwerke im Zusammenhang mit denen Perús stand und ein grösserer Aufschwung im eigentlichen Chile erst in diesem Jahrhundert kam, so ist es nicht wunderbar, dass die Ausdrücke des chilenischen Bergbaues ohne Ausnahme von Perú-Bolivien stammen und meist den Keshua, einige wenige dem Aimará entnommen sind.

Ob beim mexikanischen Bergbau eine ebenso grosse Anzahl einheimischer Worte ins Spanische eingedrungen, weiss ich nicht, vermute es aber. Von dort her stammt *el malacate* das Göpelwerk; von dort auch *la tiza* die Kreide; beide Worte sind bis nach Spanien gedrungen.

§ 58. Auf die Minerale selbst beziehen sich: *llampo*, m. (K), Grubenklein; *llampo rico* 'Häuptel'; *la llanca* (K?), das weniger reine Erz am Rande der Stufe; *el panizo* (mexikanisch?), erzreiche Stelle, Erzgang; *yanga*, f. (K) Guhr; *colpa*, f. (K) Stufe, Stuffe.

§ 59. Werkzeuge und Geräte sind: *combo*, m. (K), der schwere Erzhammer, ursprünglich ein Steinwerkzeug der Indianer; *a combo i cuña* — 'mit aller Kraft'; *combillo*, m. eine Abart desselben; *lampa*, f. (K) Schaufel der Bergleute; *llancana*, f. (K) kurzes Brecheisen; *yancana*, f. (K) Spitzhaue; *marai*, m. (K) zwei Steine, zwischen denen Erz zerkleinert wird; auch Mais gemahlen; *maritata*, f. (Aimará) Schlemmherd, Rundherd; *poruña*, f. Schale oder Horn, das beim Goldwaschen gebraucht wird; daher *hombre de poruña*, Plebejer, gemeiner Mensch, *aporuñado*, *apuruñado* jemand, der sich seiner Ohnmacht schämt. *aporuñar* Reichtümer aufhäufen; aber auch reflexiv: sich irren, enttäuscht sein. *La cutama* (M < K) ist ein Ledersack; dann auch jeder sackartige Bausch, eine volle Tasche,

---

[1] Für dieses Kapitel war mir von grossem Nutzen die Sammlung chilenischer Bergwerksausdrücke mit deutscher Übersetzung, die Herr PLAGEMANN im ersten Bande der *Verhandlungen des Deutschen Wissenschaftlichen Vereins zu Santiago de Chile* veröffentlicht hat.

voller Busen ohne Korsett, auch *cutuma*; als adj. *cutama* 'schwerfällig, tölpelhaft'. *La chaya* (K. Wohl richtiger *challa*) Holzschale zum Goldwaschen; die Arbeit verrichten: *chayar*.

§ 60. Auf bestimmte Thätigkeiten und die Arbeiter beziehen sich: *el apir* (Aimará), der Träger; das Metall wird in Ledersäcken auf der Schulter zu Tage gefördert; *llevar al apa* (Aimará) auf dem Rücken tragen; das Wort ist ins gewöhnliche Leben übergegangen: huckepack tragen. ***Chancar*** (K) Erz zerstampfen, zerkleinern, auch „scheiden"; übertragen 'rücksichtslos behandeln'; daher *la chanca* das Zerkleinern des Erzes in der *máquina* ***chancadora***; übertragen: Tracht Prügel. *El* ***rechanque*** geringes Erz, nachdem die besten Stücke ausgesucht sind. *La* ***palla*** (K) das Erz ausscheiden; übertragen 'eine liebenswürdige Lüge'; ***pallaco***, m. (K) Erz, das aus dem Schutt ausgesucht wird; ***pallaquear*** dieses thun, *el* ***pallaquero*** der Arbeiter, der Erz aufrafft und entwendet. *Trabajo al* ***pirquén*** oder ***pirquín*** heisst Bruchbau, wobei das einzelne Stück in Akkord gegeben wird; der Bergmann nimmt Ausscheidung und Aufbereitung des Erzes auf eigene Gefahr vor; das heisst ***pirquinear***, wer es thut ***pirquinero***; übertragen braucht man dann auch wohl diese Ausdrücke von jemandem, der mit geringen Mitteln arbeitet. Diese Bedeutung ist zufälligerweise ins Wb. der Akademie, 13. Aufl., gekommen „el que trabaja sin metodo ni recursos!" *La* ***sirca*** (K) die Stufe; ***sircar*** sie blosslegen, schrämen; *el* ***sircador*** der Schramhäuer.

§ 61. Zum Schluss sei erwähnt *la* ***cancha*** (K) allgemein jeder eingefriedigte Platz, mehr oder weniger gross, besonders *cancha de carreras* Rennplatz; *cancha de bolas* (canchibola) Kegelspiel; *cancha de gallos* Spielplatz für Hahnenkämpfe. Das Wort ist über ganz Amerika verbreitet; das im Wb. der Akademie angeführte *cancha*, f. (K) gerösteter Mais (aber nicht *habas*) dagegen ist nur von regionär begrenztem Gebrauch, in Mittelchile z. B. unbekannt. Hier kommt der Ausdruck ***canchamina*** (eigentlich wohl *cancha de mina*) in Betracht, 'der um die Minenöffnung herum gelegene ebene Platz, wo das geförderte Erz niedergelegt und vom ***canchaminero*** sortiert wird'.

Me tocó una buena ***corpa*** sagt der vom Glück begünstigte *minero*, der ein gediegenes Erzstück findet (K. *korpa* der Gast).

La macurca (K) ist der Schmerz in den Gliedern nach der angestrengten Arbeit unter Tage. *La yapa* (K) die Zugabe beim Kauf, die der Chilene nie zu fordern vergisst, soll ursprünglich auch Bergmannsausdruck sein. Das Wort wird oft fälschlich *llapa* geschrieben (K. *yapay* añadir).

XII. Fischfang.

§ 62. Der Fischfang wurde an der Küste von Atacama bis zum Biobio von einem besonderen Indianerstamm, den *Changos* geübt, über deren ethischen Zusammenhang mir nichts Genaues bekannt ist. Sie scheinen eher mit den Stämmen der Wüste Atacama und des *Chaco argentino*, als mit den Mapuches verwandt gewesen zu sein. Von ihrer Sprache weiss man nichts. Höchst auffällig ist, dass die Wörter *huampu* für Schiff und *challhua* für Fisch dem Mapuche mit dem Keshua gemeinsam sind, also wohl aus Perú stammen. Der Araukaner scheint sich nur ganz im Süden, besonders auf Chiloé und den umliegenden Inseln ausgiebig mit Fischfang abgegeben zu haben. Dort nur werden die Wörter aus dem Mapuche noch gebraucht. Wie weit dabei der Einfluss anderer Stämme, wie der *Chonos*, ging, ist unbekannt. Heute sind sowohl die Changos als die Chonos ausgestorben.

§ 63. Aus Mittelamerika brachten die Spanier die Worte *piragua*, *bongo* und *canoa* für verschiedene Fahrzeuge; woher das Wort *cachucha* für ein kleines Boot stammt, weiss ich nicht. Das oben erwähnte Wort *el huampo* wird meines Wissens von Chilenen nur im Sinne von „hölzerner Kanal aus einem halben hohlen Baumstamm oder drei Brettern, mit dem eine *acequia* über eine andere hinweggeleitet wird" gebraucht; eine Bedeutung, die auch *canoa* bekommen hat. Chilotische Fahrzeuge sind *la dalca* (M. = *piragua*) und *el calcuche* ein Gefährt aus mit Luft gefüllten Häuten von grossen Robbenarten (*lobos marinos*).

§ 64. Auf einer Insel landen, um das schlechte Wetter abzuwarten und eventuell ein *curanto* zu bereiten, heisst unter Chiloten *hacer quelcún* (M —?); der Schwimmer am Netz *punya* f. (M —?). *Hacer mepul* (M —?) heisst Fische fangen durch Abdämmen eines Stückes am Strande, so dass während der *corral* sich füllt und bei Ebbe die Fische in ganz flachem Wasser zurückbleiben; tritt nur wenig Wasser ein, so heisst das *huecha*, f. (wohl M. *weda, wecha* „schlecht"). *El cholchen* (M —?) ist ein ähnlich angelegter Tümpel, in dem allerhand Seetiere (*mariscos*) längere Zeit aufbewahrt und gemästet werden.

Metuntrumao, m. (M) ist ein Strand mit starker Brandung, *trumao* (M) ein rötlicher, thoniger Sand, der in Südchile häufig ist. *La marea chume* (M) ist eine solche, die um Mitternacht ohne Mondschein (bei Neumond?) stattfindet und besonders günstig für das *mepul* ist. Aufgereihte Fische bilden *un huech* oder *huell* (M —?), in Mittelchile span. *sarta*. *Uñen* m. (M —?) der Fischrogen, gehört auch nach Chiloé.

XIII. Viehzucht.

§ 65. Nur wenige Worte indianischen Ursprungs beziehen sich auf Viehzucht und zwar wohl ursprünglich auf das Lama, jetzt auf Schafe und Rinder.

Huacho, a heisst im Keshua (*huaccha*) 'arm, elend'; die Mapuches brauchen *huachu* für 'uneheliche Kinder, Kinder und Tiere ohne Eltern', so besonders für Kälber, die von der Mutter getrennt aufgezogen werden. Im Chilenischen hat *huacho* folgende Bedeutungen: 1. Waise, uneheliches Kind; 2. ohne Mutter im Hause aufgezogenes und daher besonders zahmes Tier (Kalb, Schaf etc.); 3. ein einzelner Gegenstand von einem Paar, z. B. *un zapato huacho*; *dar las huachas a uno* heisst jemandem überlegen sein an Geschicklichkeit, Erfahrung etc. *El huacharaje* ist die Gesamtheit der von den Müttern getrennten Kälber — ebenso bildet man *hembraje, machaje* für die weiblichen und männlichen Tiere, die zu Zuchtzwecken gesondert gehalten werden. Übertragen heisst auch die Gesamtheit der unehelichen Kinder *huacharaje*; sie leben oft ganz ruhig mit der übrigen Familie zusammen; in früheren Zeiten mag das Regel gewesen sein; es ist heute noch nicht selten.

Ahuacharse heisst 'zahm werden, sich ans Haus gewöhnen', *ahuachar* zähmen; *ahuachado* auch 'verwöhnt sein'.

Caichín, m. (M. Chiloé) heisst ein Schaf mit schmutziger Wolle; *veri*, m. (M? Süd) der Schmutz der Wolle, auch des menschlichen Körpers. *Malton* ein ziemlich grosses, aber doch noch nicht ausgewachsenes Tier, auch Mensch (grosser Bengel) ist ein spanisches Augmentativ von K *mallta* derselben Bedeutung. *Huitral*, m. (M) ist ein einjähriges Kalb.

XIV. Soziales.

§ 66. Wörter, die sich auf die gesellschaftlichen und politischen Verhältnisse beziehen, können nur dann indianischer Herkunft sein, wenn sie sich auf die ursprünglichen Verhältnisse der Eingeborenen beziehen. Von den alten sozialen Einrichtungen hat sich einiges besonders auf Chiloé gerettet; manche der im folgenden behandelten Wörter sind heute kaum mehr bekannt, finden sich aber oft bei den Chronisten.

Zunächst die Namen die Indianer: ausser *los indios, indíjenas* u. ä. ist die gebräuchlichste Bezeichnung *araucanos* (siehe § 2). Im Süden ist der richtigere Name *mapuche*, m. (M) oft gebraucht und auch die mehr geographischen als Stammbezeichnungen *picúnche*, m. (M) Nordleute; *huilíche* oder *huilliche*, m. (M) Südleute; *pehuénche*, m. (M) die Fichtenleute — so genannt nach der Araukarie, in deren Gebiet sie wohnen und von deren Früchten sie z. T. leben —; *molúche*, m. (M) die Westleute, zuweilen fälschlich mit 'Krieger' übersetzt. *Puelche*, m. (M) heisst die Ostleute; man bezeichnete damit früher die jetzt ziemlich ausgerotteten Indianer der Pampa Argentiniens, ohne *Tehuelches* und *Mapuches* zu scheiden. Die Argentinier sprechen einfach von *indios pampas*. *El puelche* ist auch in ganz Mittel- und Süd-Chile der 'Ostwind', der von der Hochcordillere kommt, im Gegensatz zur *travesía*, dem West-(See-)wind.

§ 67. Zur Zeit der Eroberung unterschied man *Yanacona*, m. (M) den unterworfenen, besonders den im Hause des Spaniers dienenden Indier, von dem *auca*, m. (K), dem rebellischen und besonders dem *promauca*, oder *purumauca* (K) südlich vom Maule. Stammnamen waren das nicht, wurden aber manchmal für solche gehalten; in den Chronisten finden sich noch weitere Namen, von denen ich absehe.

§ 68. Die Statthalter des *Inca*, m. (K)[1]) hiessen *apo*, m. (K), ein Wort, das die *Mapuches* von den alten auf die neuen Herren übertrugen, gelegentlich wohl auch für ihre eigenen

---

[1]) Das Adjektiv heisst *incásico* oder seltener *incáico*; die hiesigen Grammatiker wollen manchmal ersteres als auf die Inkas im allgemeinen, letzteres auf einen einzelnen beziehen; es ist wohl Streit um des Kaisers Bart.

Oberführer — sonst *toqui*, m. (M) genannt, anwandten. Für
ihre gewöhnlichen Häuptlinge ist das Wort *ulmén*, m. (M) bei
Historikern häufig; dagegen wird der Ausdruck *lonco*, m. (M)
für Häuptling fast nur von Indianern selbst gebraucht; die
Chilenen sagen statt dessen das haitianische *cacique*, das,
ebenso wie *el cacicazgo*, gelegentlich auch höhnisch auf
moderne politische Verhältnisse übertragen wird.

§ 69. Die Raubzüge der Indianer hiessen in Chile und
Argentinien *malón*, m. oder *maloca*, f. (M); das Verbum
maloquear. Jetzt werden diese Ausdrücke von Argentinern
noch auf die Indianer des Chaco angewandt; im Süden des Landes
ist ebenso wie in Chile keine Verwendung mehr für das Wort.
Für Heiraten nach Indianersitte gebrauchen die Missionäre zuweilen das Wort *gapitucar* (M).

§ 70. Auf Inkainstitutionen gehen das heute fast ver-
schollene *mita*, f. (K > M) die Pflichtarbeit, die die *indios
encomendados* abwechselnd dem *encomendero* zu leisten hatten;
heute noch in Pica der Anteil an den Bewässerungsanlagen; als
Bergmannsausdruck die Ablösung, die 'ledige Schicht'; in Chiloé
casemita, f. (d. h. *casa de mita*) ein zur Kapelle gehöriges Haus,
das die Umwohnenden für die Pfarre zu errichten haben. Der
so arbeitende Peon oder Indianer hiess *un mitayo* (K).

§ 71. Im Gegensatz zu *mita*, der Pflichtarbeit, ist *la minga*
(M < K, so noch heute Chiloé) oder *el mingaco* (K, so an
andern Orten) eine Arbeit, zu der jemand seine Nachbarn auf-
fordert, und die diese ihm ohne Bezahlung, nur gegen Speise und
Trank, leisten, doch mit der Bedingung der Gegenseitigkeit bei
entsprechender Gelegenheit. Am Schluss der *minga*, deren Zweck
etwa der Bau eines Rancho oder eine Feldarbeit ist, wird ein
regelrechtes Fest auf Kosten des Arbeitempfängers veranstaltet.
So bekommt *mingaco* i. A. die Bedeutung von Gelegenheitsfest;
mingaquero, a ist, wer gern an solchen *mingacos* teilnimmt.

§ 72. *El camarico* (M < K) war eine Verpflichtung, den
auf Reisen befindlichen spanischen Beamten an bestimmten Orten
Nahrungsmittel und Reit- und Zugtiere zu stellen; daher das
Wort verschiedentlich als Ortsname erhalten.

Hacer medan (M) heisst auf Chiloé ein unter Nachbarn veranstaltetes Fest, zu dem einer Schnaps und Chicha stellt, die andern Hämmel, Kartoffeln, Bretter (zum Hausbau), Geld u. dgl. bringen. Auch dieses beruht auf Gegenseitigkeit. Der Zweck ist hier die Materiallieferung, beim *mingaco* die Arbeit.

Mandar un lloco (M. Chiloé) heisst ein Schlachtefest veranstalten und an die Nachbarn etwas vom Festessen verschicken; *el lloco* besteht hauptsächlich aus *chicharrones con milcao i sopaipillas* (siehe § 18). Auch hier ist Wiedervergeltung die einzige Bezahlung.

§ 73. *Ganar un cancho* (K? Norden, sonst *ganar un corte*) sich durch einen kleinen Dienst ein Trinkgeld verdienen.

Trauque, m. (M) ist im Süden jede Person, mit der man auf freundschaftlichem Fusse steht, besonders durch Verkauf oder Austausch von Waren; letzterer wird *trauquinto*, m. (M) genannt. Man sieht, alle diese Sitten deuten auf eine Kulturstufe, bei der eigentlicher Geldverkehr noch wenig in Frage kommt. Bretter von *Alerce*, die mit der Axt gespalten werden (*Fitzroya patagonica*), dienen bis heute im Süden zuweilen als Münze. Sie wurden auf den Schultern getragen und *una descansada* heisst bei den Holzfällern im Süden soviel wie eine Stunde Weg; die kleinere Zeiteinteilung, bei der die Bretter auf die andere Schulter gelegt werden, ohne im Marsche anzuhalten (= $\frac{1}{4}$ Stunde), heisst *cantutún*, m. (M).

XV. Mythisches.

§ 74. Die oberste Gottheit der Mapuches, ein Donnergott *el Pillan* (M), ist als Name des Teufels, in den ihn die Missionäre verwandelten, in einigen Gegenden bekannt; auch gelegentlich für Donner und Gewitter (= *tralca*) gebraucht. *El piguchén, piuchén*, auch *pihui chén* (M) bezeichnet einen mythischen Vampyr, in Mittelchile auch eine Spelunke, Bordell, *café asiático o chino* (weil oft von Chinesen gehalten). *Hacer un imbunche* (M) jemandem durch Zauber einen Schaden anthun. Auf Chiloé heisst *imbunche* oder *vuta*, m. (M) der Führer des Geisterheeres; *el caleuche* (M?) ist ebenda ein unter Wasser fahrendes Geisterschiff; *el camahueto* (M?) ist ebenfalls ein chilotisches Fabelwesen. *El hualichu* (wahrscheinlich tehuelche aus der Pampa) ein böser Geist. Nur in Chiloé scheinen bekannt zu sein: *el trauco* (M), fabelhafter Waldmensch mit Kleidung aus Baumbast; *el macuñ* (M), eine phosphorescierende getrocknete Fischhaut, die die Hexen (*brujos, brujas*) in der Nacht zum Leuchten gebrauchen; auch ein Hexenlicht aus Menschenfett und allgemein phosphorescierende Gegenstände; *el llapui* (M), die gesamte Ausstattung zur Hexerei, und *el challanco* (M —?), das Zauberbuch der Hexen.

§ 75. *El chuncho* ein Kauz (*Noctua pumilio*), in Aconcagua *chucho* (M), ist als unheil- und todverkündender Vogel allgemein bekannt; daher **achunchar** erschrecken; refl. vor Schreck starr sein; und *el chonchon* = *chuncho*, auch ein Drachen (Kinderspielzeug) und eine primitive Lampe, Ölbehälter mit Docht, auch zusammengedrehten Lumpen. Der Name der Shamanen, *machi* (masc. und häufiger fem. M) wird auf alte Naturheilkünstler, *curanderos, as* noch vielfach angewandt, im Süden auf die noch bestehenden echten indianischen *Machis*, von denen manche weit berühmt sind und auch von Chilenen konsultiert werden; die Ausübung ihrer Kunst, auch andere geheimnisvolle Handlungen, heissen *el machitun* (M); Verbum **machitucar** (M).

§ 76. Von geheimnisvollem Zauber umgeben sind die Peruanergräber im Norden, *las huacas* (K); wer darin nach Schätzen sucht, ist *huaquero*. Die Etymologie des Wortes *ancuviña* für Indianergräber, auch in Mittelchile, ist mir unbekannt, aber jedenfalls amerikanisch. Auch die **apachetas**, f. pl. (K), von den Indianern errichtete Steinhaufen, besonders auf Passübergängen, werden mit Scheu betrachtet; heilige Steine, an denen der Wanderer Opfergaben niederlegt, existieren auch im Süden, heissen aber einfach *piedras santas* (vgl. meine *Estudios Araucanos*, S. 423 ff.).

Las capucas (M) sind auf Chiloé zwei Stücke aus Kieselguhr vom Cerro Huimanao im Departamento Castro, von denen eins im andern gebohrt wird (*macho i hembra*), um den Acker fruchtbar zu machen.

XVI. Feste und Spiele.

§ 77. Bei Prozessionen wurden von der Geistlichkeit mit Vorliebe Indianer in phantastischem Schmuck herangezogen und so christliche Bedeutung den Festen und Tänzen der Indianer untergeschoben. Berühmt sind noch heute die Prozessionen der *Vírjen de Andacollo, del Pelicano* in Quillota u. a. m. Die Tänzer heissen *pifaneros* (sie gebrauchen noch die alte Indianerflöte), *chinos* (d. h. Indianer, obgleich sie gute Chilenen sind, siehe § 81) oder *catimba(d)os* (K). Letzteres Wort heisst jetzt allgemein ein Hanswurst, ein Mensch in lächerlichem Schmuck. Das Karnevalsfest feiern heisst *correr los chalilones* (M; in Chiloé auch *chalilos*); das Werfen mit Papierschnitzeln, Mehl und Spritzen mit Wasser (letzteres früher die Hauptsache, jetzt verboten) wird mit *jugar a la challa* bezeichnet.

§ 78. Ein Saufgelage heisst ausser dem span. *remolienda* '*un cahuin*' (M); *andar en cahuines* in Streitereien verwickelt sein; *cahuiniento, a* ein Schreihals, Raufbold. An Trinkgelagen teilnehmen *collecar* (M. Süd).

Der Volkssänger heisst *pallador* (K) vor allem, wenn es sich um Wettsingen, Streitlieder zu zweien, *pallas*, f. pl. (K), handelt; Verbum *pallar*; das Instrument zur Begleitung ist die *vihuela*, *guitarra* oder *guitarron* (vgl. meinen Aufsatz in der Tobler-Festschrift).

§ 79. Der Spielplatz, Rennplatz etc. heisst *la cancha* (siehe § 61), der Besitzer desselben *el canchero* (K). Viele Spiele sind spanischer Herkunft, wenn auch oft verändert; so auch das heute fast nur noch von Indianern geübte *la chueca*; woher das Ballspiel *el linao* auf Chiloé stammt, weiss ich nicht. Indianischen Ursprungs ist *jugar a la pallalla* (K) mit Kugeln, die mit der Hand in die Höhe geworfen und wieder aufgefangen werden; *el juego de los llignes* (M), eigentlich ein Bohnenspiel der Indier, jetzt auch gleich *a las chapitas* (span.), wobei Scherben oder Münzen an die Wand geworfen werden. Der Name *palitroque* (M), mit dem jetzt das Kegelspiel, auch das deutsche, genannt wird, stammt von dem Indianerwort für die Chueca *palin*. Auf das Kreiselspiel gehen *quiñar* (K), mit dem eisernen Stachel eines Kreisels den andern auf den Kopf treffen, *hacer un quiñazo*; dasselbe heisst auch *hacer quiñe* (M).

§ 80. Eine schlechte Kneipe heisst *la chingana* (K); sich dort herumtreiben *chinganear*, wer es thut *chinganero, a*; von derselben Wurzel kommt auch *chingarse*, nicht losgehen,

von Feuerwaffen, Feuerwerk und allgemein = *fracasar.* Woher
chinchel, m. = *chingana* kommt, weiss ich nicht; *el quilombo*
(selten) Bordell, scheint mexikanisch zu sein, wenigstens geben
Wörterbücher *quilimbo* als gleichbedeutendes mexikanisches Wort.

Die Bittfeste der heutigen Indianer, *niʃatun,* sind den
Chilenen im Süden bekannt als *villatún* oder *millatún,* m.

XVII. Der Mensch nach Alter, Verwandtschaft, Stand etc.

§ 81. Da in der ersten Zeit der Conquista so gut wie
keine Frauen nach Amerika kamen, so traten die Eroberer selbst-
verständlich in Geschlechtsverkehr mit indianischen Weibern.
Das hat bis heute seine Spuren im Sprachschatz der Chilenen
hinterlassen, obwohl jetzt Ehen zwischen Weissen und Indianern
nicht mehr häufig sind. *China,* f. heisst auf Keshua das Weibchen
von Tieren, sodann die Magd; auf Chilenisch i. A. ein Mädchen
aus dem niederen Volke, Magd, Kindermädchen; gewöhnlich mit
dem verächtlichen Hinweis auf dunkle Haut, indianische Ab-
stammung, also auch geradezu Schimpfwort im Munde der besseren
Klassen, die rein spanischer Abkunft zu sein behaupten. Anderer-
seits ist es im Volke selbst gleichbedeutend mit Geliebte und
besonders in der Form *chinita* Kosewort. Das Wort hat sich
über ganz Amerika verbreitet. — Dazu wurde als Masc. gebildet
el chino, der Indianer, besonders aber der Mann aus dem Volke
(der Indianertypus hat). So spricht man von *el baile de los chinos*
in Quillota (siehe § 77); *achinado, a* ist, wer Züge oder Eigenschaften des Plebejers an sich hat; *la chinería* und seltener
el chinamiento, Pöbel; *chinero,* m., wer sich viel mit *chinas*
abgiebt, der Mädchenjäger.

§ 82. Das Mapuchewort für Mensch, *che,* m., ist charakteristisch als Anruf für jedermann in Argentinien; in Chile ist
es bekannt, wird aber wohl nur gebraucht in bewusster Nach-
ahmung, Verspottung der *cuyanos* [Bewohner der alten Provincia
del Cuyo (Mendoza); dann allgemein Argentiner]; auf dieselbe
Quelle könnte das chil. *la chei* vulg. = *chinita,* Geliebte,
Liebste gehen; aber das Wort soll auch in Andalusien gebräuchlich sein, und es läge daher vielleicht altes span. arab.
Erbgut vor.

§ 83. Das Wort *la mucama* scheint ursprünglich nur auf die im Hausdienst beschäftigte Negerin zu gehen; es ist über Brasilien, Argentinien, Uruguai, Paraguai, Perú, Bolivien und Nordchile verbreitet und vermutlich afrikanischen Ursprungs; insbesondere bezeichnet man damit das Stubenmädchen (weder Köchin noch Kindermädchen); das masc. *el mucamo* der Hausbursche (so z. B. Argentinien) ist in Mittelchile durchaus unbekannt; man sagt hier einfach '*mozo*'.

§ 84. *La ñaña* (K > M) ist Kose- und Kinderwort, schwankt aber in der Bedeutung zwischen Amme, Kindermädchen, ältere Schwester, Freundin und Mutter (Chiloé); *chacha*, m. (M) für den Vater ist nur auf Chiloé gebräuchlich; sonst sagt man vulg. *el taita* oder *taitita* und für Mutter *mamita* (auch 'die Amme').

Als Kosewort unter Verliebten wird in einigen Gegenden *chingullo, a* (M?), besonders im Deminutiv, Vokativ: '*chingullita mia*'. Das Gegenstück zu *la chei* ist *el lacho* (wahrscheinlich span. *lazo*, mapuchisiert *lachu*), dessen Femininum selten ist.

§ 85. Für den Säugling und das Kind etwa bis zu 3 Jahren sagt man allgemein *la huáhua* (K; aber nur von der Mutter für das eigene Kind); das Wort hat viele Ableitungen: *huahuatear* Kinder wiegen und umhertragen; *huahual*, m. Tölpel, auch *huahualon*; *huahualote* grosser ungeschlachter Mensch; auch grosser kindischer Bengel. Das Mapuchewort für *huahua* '*el coñi*' ist nur im Süden gebräuchlich. *El hueñi* (M) ist ein halbwüchsiger Junge, besonders wenn er Indianertypus zeigt; *el huaina* (K > M) ist der schon mannbare „jóven". Ob das Wort *el peñeca* der ABC-Schütz, Schüler der untersten oder einer niederen Klasse, amerikanischen Ursprungs (etwa Keshua) ist, scheint mir zweifelhaft.

§ 86. Besonders im Süden ist das Wort *huinca*, m. (M) bekannt, mit dem die Indianer jeden Weissen bezeichnen; der Ausdruck *cholo*, m. (Aimará) wird vom Weissen auf den Indianer und das Halbblut besonders im Norden angewandt; aber auch sonst = *chino*; speziell ist es der Spottname für alle Peruaner; die Bolivianer heissen **culcos** (Etym.?).

Der *gaucho* (M?) gehört nach der Pampa Argentiniens; die Ableitungen sind leicht verständlich: *la gauchada* ein verschmitzter Streich, oder andere eines *Gaucho* würdige Handlung; *el gauchaje* die Gesamtheit, Masse der G.; *agauchado* wer ihre Manieren und Kleidung angenommen hat = *gauchero, a.* Der entsprechende chilenische Typus ist *el huaso* (K); sein Benehmen *huasería*; wer es hat *ahuasado*; *ahuasarse* verbauern. Von derselben Wurzel kommt wohl *el huasamaco*, der Bauernlümmel.

Die Schiffer auf dem Rio Maule heissen *huanayes*, m. pl. (K).

Der Namensvetter *tocayo, a* stammt aus dem Nahuatl und ist weit verbreitet.

XVIII. Der Mensch, geistige Eigenschaften und Thätigkeiten.

§ 87. Hier mag eine einfache Aufzählung der Worte genügen: *Añañuyes*, m. pl. (K), Liebkosungen, Schmeicheleien; *añañái* (K > M) Ausruf der Zustimmung; *huara, guara*, f. gew. pl. (K), Schmuck, Grazie; *huaroso, a* geschmückt, graziös; *quimba*, f. (K?), graziöse Bewegung. *Chopeco, a* (Etym.?) schlau, gerieben; *cocoroco, a* (?) unverfroren; *ayecahue*, m. (M), Spötter, pl. Geschwätz, Unsinn; *alicurco, a* (?) schlau, gerieben besonders zum Lügen; *jugar la talquina* (von der Stadt Talca?[1])) betrügen; *la llauca, jauca, pocha* Lüge, Schwindel sind etymologisch unsicher; *la coila* (M. Süd) Lüge, daher: *coilero, a* lügnerisch; Betrüger.

§ 88. *El méñu* (M —? Chiloé) Seltsamkeit; *suche*, m. (K) untergeordneter Mensch; *vuchén*, adj. (M. vulg.) unehelich; *pichiñíque*, adj. (M) geizig, schäbig; *pichiruche* und *pichiruchi*, m. (M) elender, kleiner Wicht; *pelele*, adj. (M?) ärmlich; *lele* (M? oder cf. span. *lelo*) dumm, dämlich. *Huarango, a* (K?) grob, knotig; *huallipen* (M —?) schwerfälliger, stumpfsinniger Kerl, dickes Kind.

Chapeton, m. (M) nannte man den frisch von Spanien gekommenen Soldaten, der aus Mangel an Landeskenntnis Dumm-

---

[1]) Vielleicht nur ein Wortwitz; in Talca wird *l* vor Konsonant wie in Santiago zu *r*, also *Tarca*; tarquina vielleicht gleich *tarquinada* (siehe Wb. Akad. 13) von *Tarquinio*, mit leichtem Bedeutungswechsel.

heiten machte; noch heute wird das Wort für einen ungeschickten Menschen, Tölpel gebraucht; *chapetonear* heisst Dummheiten machen; *chapetonada* die Tölpelei (die Bedeutung „Klimakrankheit“, die die Akademie giebt, kennt hier niemand).

§ 89. Verbalbegriffe sind: *huachapear* (K?) mausen; *relauchar* (M; siehe *laucha* § 5) schwatzen, sich unterhalten, *pilluntiar* (M. Chiloé) Geheimnisse mitteilen, tuscheln, *hacer guenú* (M. Chiloé) nicht annehmen wollen, weil man beleidigt ist; den Beleidigten spielen, mucken. *chañar*, *chuñar* (M) etwas Hingeworfenes gierig aufraffen; *chañado, a* etwas Schlechtes, das man fortwirft; *chaña*, *chañadura*, f. = *la rebatiña*, etwas Hingeworfenes aufraffen; Spiel mit Drachen, die man gegenseitig zum Fallen oder Abreissen zu bringen sucht.

XIX. Der Mensch, körperliche Eigenschaften und Thätigkeiten.

§ 90. *Chatre*, adj. (K?) fein aufgeputzt, der *huaso* im Staat; *chegre*, adj. (?) das Gegenteil: schäbig, ärmlich; *huañango, a*, *deshuañanga(d)o, a*, *deshuayanga(d)o, a* liederlich gekleidet; lumpig. *El piñen* (*piñin* Chiloé) (M) Schmutz am Körper; Dreckkruste an Händen und Füssen; *pitran*, adj. (M) nackend; *lleulle*, m. (M? Süd) Schwächling, vor allem schlapper Soldat; *ñeque*, m. (M) Kraft, Stärke, Energie. *Lile*, adj. (M?) zittrig, *liliquear* den Tatterich haben, wie ein alter Säufer.

Mánido, m. (M —? Chiloé) alter Mann; *pilon, a* Mensch oder Gegenstand (Topf), dem ein Ohr (Henkel) fehlt; *mutri* oder *mutro, a* (M. Süd) stumm, taubstumm; *hueli*, adj., links, linkisch. *Potóco*, m. (M?) kleiner, dicker Kerl; *huaton, a* (selten *huatron*, cf. *huata* § 99) Dickwanst; *huacarnaco, a* (K) langbeinig; *curco, a* (K) buckelig; *curcuncho, a* (K) buckelig; auch mit Bruch behaftet.

§ 91. *Hacer cheque a uno* (M? Chiloé) auf dem Rücken tragen, huckepack, in Mittelchile sagt man *llevar al apa* (siehe § 60); *chope, chopazo*, m. (M?) Knuff, Puff; *estar trelaca(d)o, a*, auch *trelaca(d)o* faul auf dem Boden hocken; die Beine spreizen; rittlings ohne Sattel reiten; *llapthuar* (M. Chiloé) mit den

Augen zwinkern. *La chalcha* (M) gew. plur. Doppelkinn, Hänge-backen; *chalchudo, a* ist, wer diese Eigenschaften hat, auch ein Hund mit überhängenden Lippen; *un chalchazo* eine Back-pfeife. *El tungo* (?) ist der Specknacken, auch der dicke Hals und = *chalcha*. *Lonco*, m. (M) Nacken, Kopf, — *cortar el lonco* = köpfen; bei Wiederkäuern der Labmagen. *Curiche*, m. (M) ist ein Mensch mit dunkler, schwärzlicher Hautfarbe.

Auf die Haare beziehen sich: *hacer lluillúi* (M. Chiloé) Haare ganz kurz abschneiden; *trunucar* (M. vulg.) die Haare zausen, reissen; *chape* und *chapecan* (M) Zopf, die beiden langen seitlichen Flechten der Frauen aus dem Volke (und Indianerinnen), *el chape del choclo* die Haare, Fasern am Mais-kolben, *estar enfermo del chape* nicht ganz richtig im Kopf sein; *chapecar* Zöpfe flechten. *La lauca* (M) der Kahlkopf, die Platte; *laucado, a* kahlköpfig. *Chasca*, f. (K) wirres Haar, *chasquilla*, f. Simpelfranzen auf der Stirn; *chascon, a* mit wirrem Haar, Struwelkopf; *chasconear* die Haare verwirren, zerzausen.

§ 92. Im Anschluss an dieses Kapitel gebe ich Wörter, die sich auf die Sexualsphäre beziehen. Warum indianische Worte in dieses Gebiet eindrangen, ist nach § 81 leicht ver-ständlich. Metaphorische Übertragungen sind im Kap. I be-sprochen. Ihnen schliesst sich vielleicht das gebräuchlichste Wort für *vulva* an '*chucha*', wahrscheinlich eine Muschelart aus Mittelamerika. Sehr gebräuchlich ist *el poto* (M) der Hintere, seltener gleich weiblicher Geschlechtsteil. Ein drastischer Spruch für die Macht des Geldes ist „*platita en la mano, potito en el suelo*". *La pichola* oder *pichula* der Penis, ist wahrscheinlich Map. *pichülu* 'der Kleine'; doch kann auch span. *pistola* mit-gewirkt haben; *pichulear* huren. *La chulloca* in derselben Bedeutung ist wahrscheinlich Keshua. *Hacer chiqui* (M. Süd) = fornicar; *piñonguear* (M. Süd) sich verheiraten. Von den zahlreichen Ausdrücken für Hure ist *la pichuncha* wahr-scheinlich mapuche; *chuchumeca* soll = *chichimeca* aus Mexiko stammen und für *chiquisa* wird Herkunft aus dem Keshua angegeben, die ich aber nicht belegen kann. *Chusca* in dem-selben Sinne ist wohl spanisch, nur mit Verschlechterung der Bedeutung.

XX. Krankheiten und Gebrechen.

§ 93. Während die Indianer viele Krankheiten erst von den Spaniern kennen lernten und daher ihre Worte aufnahmen [z. B. mapuche: *perte* = span. peste; aus *sarampion*, die Masern (heute nur *alfombrilla* genannt) machten sie mit Volksetymologie *charam-piru*, den „Charam-Wurm", entsprechend ihrer Meinung, dass viele Krankheiten durch Würmer (map. *piru*) hervorgerufen; dann auch abgekürzt einfach *charam*], sind andere mit indianischen Namen im Volke geblieben.

La nana (K) das 'Wehweh'. Kinderwort. Die Höhenkrankheit *la puna* (K), daran leiden *apunarse*. Für dieselbe Erscheinung sagt man im Norden *el soroche* (K), das aber auch das Erröten bezeichnet, wie beim Ersticken oder grosser Hitze; daher *asorocharse* an Höhenkrankheit leiden oder vor Hitze, auch vor Scham rot werden.

§ 94. *Chulleco, a*, in Santiago auch *chuyenco, a* (M) krummbeinig; *cheuto, a* (M?) schiefes Gesicht mit Hasenscharte habend, auch seltener schielend.

El coto (K) der Kropf; *cotudo, a* damit behaftet; *cototo* und *cotrotro*, m. (M) Beule, Geschwulst; *chupon*, m. (K) eitrige Beule, Geschwür.

La tutuma (K?) ist in einigen Gegenden = Geschwür, in andern gleich Buckel. Der Bruch, *hernia* heisst *pahua*, f. (M) und *pahuacha*, f.; manche wenden *pahuacha* ebenso wie span. *potra* auf den Buckel an. Wer einen Bruch hat, ist *pahuento, a*.

§ 95. *La caracha* (K) ist Hautausschlag, besonders Kopfgrind; adj. *carachento, a*. *La pitra* (M) Krätze, Ausschlag; daher *pitriento, a* oder *apitrado, a*; auf Chiloé sagt man *tener pitras*, m. pl. Ein juckender Ausschlag ist *piyen*, m. (M).

§ 96. *El chavalongo* (M) ist jede fieberhafte Krankheit, besonders Typhus, auch Sonnenstich. Die Eingeweidewürmer heissen *pidulles*, m. pl. (M?); *estar con pidulles* (in Santiago *piuye*) heisst unruhig sitzen, 'Hummeln haben'.

Die Schwämmchen am Munde der Kinder heissen *el quime* (M. eigentlich 'das Gute'); vermutlich hielten die Indianer diese Krankheit für gesund, so wie in manchen Gegenden der Kopfgrind den Kindern für zuträglich gehalten wird. Im Süden gebraucht man *quimei* (M. = 'es ist gut') auch im Sinne von 'etwas Gutes'.

§ 97. Wer Durchfall hat, ist *calchi*, adj. vulg. (K); das Gegenteil heisst in Chiloé *hacer chille* (M). Nach Chiloé gehören auch *el quilpe* (M —?) der Nachtwandler, *el teldelde* (M —?) Krampf, Steifwerden, Einschlafen eines Gliedes, und *el pañihue* (M —?) ein Geschwulst am Fusse.

§ 98. *La quinhuilla* (von *quinoa* K) als Bezeichnung für Finnen der Schweine, und *el pirihuin*, eine Art Blutegel und eine durch Verschlucken derselben mit schmutzigem Wasser beim Vieh hervorgerufene Krankheit, sind die einzigen auf Tierkrankheiten bezüglichen Wörter.

XXI. Teile und Eigenschaften der Tiere.

§ 99. Folgende Ausdrücke beziehen sich auf die Teile des geschlachteten Tieres. *huachalomo*, m. (K + Span.) das beste Ende vom *lomo*; wer es verkauft ist *huachalomero*[1]); *huata*, f. (M) der Bauch, besonders der Magen der Wiederkäuer, ein Leckerbissen der chilenischen Küche; *como huata*, vulg. zart, weich, sanft, 'wie Öl'; *echar huata* dick werden, Speck ansetzen, auch übertragen 'sich verbessern'. *El huatero* der Verkäufer von *patas i huatas* (der Ruf ist meist ¡compra pátaihuatítãã, compra pátihuatít'!).

Los chunchullos oder *chunchules* (K) sind Eingeweide vom Hammel, 'Kutteln'. *El chapecúe* (M. Chiloé) beim Hammel das Bauchfleisch. *Cuntra*, f. (M. Süd) und *llúa*, f. (M —? Chiloé) ist die Blase. *Pana*, f. (M) die Leber von Tieren; *trapalputra*, f. (M) Bauchfleisch beim Rind. *El tuto, truto* oder *trutro* (M) die Geflügelkeule; *el contri* (M) der Geflügelmagen; *hasta el contri*, Redensart, etwa 'bis ins Innerste', 'bis ans Mark'.

§ 100. *Las calchas* (M) lange Haare an den Füssen, bei Pferden; Federn an den Füssen bei Tauben, Hühnern, auch zuweilen Simpelfranzen auf der Stirn bei Mädchen; *calchon, a*

---

[1]) Früher wurden sehr viele Teile des Tieres von besondern Händlern in der Stadt herumgetragen und ausgerufen; heute ist das fast nur noch bei *patas i huatitas* und *sangre de corderito* in Santiago gebräuchlich.

oder *calchudo, a* ist, wer diese Eigentümlichkeit hat. *La calchona* ist ein Nachtgespenst, ähnlich wie *chonchon* (siehe § 75), sodann auch eine alte Postkutsche. *El calchoneo* heisst von Kutschern: ohne Erlaubnis die Kutsche jemand anderem überlassen.

§ 101. *El trehua* (M) für den Hund ist nur im Süden bekannt, dagegen sind *el quiltro* (M) der kleine Köter, und *el munútru* oder *munútro*, der langhaarige Pinscher, allgemein bekannt (*en llanto de mujer i aullidos de quiltro no hai que creer*, Spruch).

Auf Chiloé giebt es eine sehr kleine Pferderasse (*pony*), die *mampatos* (Etym.?) genannt werden; im Gegensatz dazu heisst ein grosses Pferd dort *picunto*, eigentlich „nördliches", vgl. § 66.

§ 102. *Choco*, m. ist zunächst ein Pudel; dann ein Mensch mit wirrem Haar, 'Pudelkopf'; ferner ein wolliges Fell, das man oben auf den Sattel legt (Etym. K?); es giebt aber auch ein adj. *choco, a*, wahrscheinlich anderer Herkunft = *mocho* ohne Schwanz, ohne Ohren, verstümmelt, abgeschnitten; in derselben Bedeutung gebraucht man *chongo, a*; *el chonguito* auch vulg. Penis.

§ 103. *chúcaro, a* (K) wild, ungezähmt, feurig von Pferden; *caita*, adj. (M), dasselbe aber auch vom Rinde. *Chacancar* (M? oder K?) das Pferd mit den Sporen verletzen.

Trintre, adj. (M), wird von Hühnern gesagt, deren Federn umgekehrt stehen, was in Chile häufig ist; besonders interessant sind aber *marinamn* oder *marinamo, a*, von Hühnern mit überzähligen Zehen, auch von Menschen, die einen Finger oder eine Zehe zuviel haben (Etym. map. *mari* zehn + *namun* Fuss), und *melimeta*, adj. (Chiloé), vom Schaf mit überzähligen Hörnern (Etym. map. *meli* vier, *mata* Horn).

XXII. Varia.

§ 104. Die folgenden Begriffe lassen sich nicht gut in den andern Kapiteln unterbringen.

amulucarse (M. Süd) sich aufhäufen, *lape*, m. (M? Süd) etwas bis zu Ende Gutes; *luido, a* (M. Süd) schlüpfrig, glatt; *metrancan*, m. (M) etwas Dichtes, Dickes, Verwirrtes; *metren-ca(d)o, a* (M?) aufgerichtet, sich bäumend; *la traúna* (M. Chiloé) eine Handvoll, Haufe; *pichin*, adj. (M. Süd), *un pichintun*

(M. Süd) ein wenig, ein bischen; *mucre*, adj. (?) herb, von Geschmack, zusammenziehend; *ñango, a* (M. Chiloé), von Hühnern = klein, kurzbeinig; *apñi*, adj. (M. Süd) voll, satt; *cufifo, a* (Etym.? vielleicht scherzhafte Bildung) angezecht; *chachado, a* (K) elend, verunglückt; *chuche*, adj. (?) stumpf, ohne Spitze; *cari*, adj., eine Farbe, bräunlich *pardo*, aber auch weiss-, gelb-, rot-, schwarz-gefleckt; *loan*, adj. rotgelb, bräunlich (map. *luan* 'das Huanako', also 'huanakofarben'; *colihuacho, a* (M) dunkelrot, schwarzrot von Tieren gesagt.

§ 105.   Zum Schluss die Redensart *en tiempos de Ñauque o Ñaucas o Ñauca* eine Verballhornung des Peruanischen *ñaupas, ahora ñaupas* 'vor langer Zeit' aus dem Keshua *ñaupa*, alt, vor Alters, antiquitus olim.

§ 106.   Eigenartig sind die Indianisierungen spanischer Wörter: *la picana* der Ochsenstachel, langer Stock mit Nagel an der Spitze, ist zweifellos eine Keshua-Ableitung auf *ana* (vgl. z. B. *macana* § 54) vom span. *picar*; die Mapuches bildeten für das grosse Messer, *machete*, das zum Anfertigen von Pflöcken, *estacas*, gebraucht wurde „*estacahue*" (vgl. GRÖBERS Zeitschrift XVII, S. 207). In Chiloé nennt man eine Gerte, die zum Verscheuchen von Geflügel- und Haustieren gebraucht wird, *pichana*; das ist jedenfalls eine Verkleinerungsform nach Mapuche-Art durch Übergang des *c* in *ch*. Nach Chiloé gehören auch die übrigen Curiosa; *la picuta* statt *picota* eine Spitzhacke. Wechsel von *o* > *u* ist Mapuche.

Aus span. *en pelos*, nackend, mit der Mapuche-Endung *quechu* bildet man *peluquechu*, nackend. Die Padres wurden von den Indianern *patiru* genannt (vgl. GRÖBERS Zeitschrift XVII, S. 20); *patírru* heisst bis heute in Chiloé *el padre cura*.

Die Schafe treibt man mit dem Ausruf *hueda*, wahrscheinlich span. *oveja* > map. *ohuida, ovisa* (vgl. GRÖBERS Zeitschrift XVII, S. 20).

Auch die Anrede: *¿cómo te va, chiño?* ist mapuchisiertes *señor* und *maño* Koseform von *mano* < *hermano*.

Max Niemeyer, Verlagsbuchhandlung in Halle a. S.

Beiträge
zur
romanischen und englischen Philologie.

Festgabe für Wendelin Foerster
zum 26. Oktober 1901.

1902. gr. 8. Preis Mk. 16,—.

Inhalt.